El Arte de la Guerra aplicado a la empresa

Táctica y estrategia para hacer buenos negocios

Carles Font

 Del Nuevo Extremo

Tzu, Sun
    El arte de la guerra aplicado a la empresa / Sun Tzu; coordinado por
Mónica Piacentini; dirigido por Tomás Lambré. 1ª ed. 1ª reimp.-
Ciudad Autónoma de Buenos Aires: Del Nuevo Extremo, 2014.
96 p. ; 23x15 cm.

   ISBN 978-987-609-348-4

   1. Superación Personal. I. Piacentini, Mónica, coord. II. Lambré, Tomás,
dir.
CDD 158.1

© 2014, Editorial Del Nuevo Extremo S.A.
A. J. Carranza 1852 (C1414 COV) Buenos Aires Argentina
Tel / Fax (54 11) 4773-3228
e-mail: editorial@delnuevoextremo.com
www.delnuevoextremo.com

Imagen editorial: Marta Cánovas
Diseño de tapa: M.L.
Diseño interior: Marcela Rossi

Primera reimpresión: noviembre de 2014
ISBN: 978-987-609-348-4

Reservados todos los derechos.
Ninguna parte de esta publicación puede ser reproducida, almacenada
o transmitida por ningún medio sin permiso del editor.
Hecho el depósito que marca la ley 11.723

Sun Tzu: guerrero y poeta

El ilustre general chino Sun Tzu, uno de los más relevantes filósofos orientales, experto en relaciones internacionales y sabio en asuntos de la política, es el autor del manual de estrategia militar más antiguo que se conoce: *El arte de la guerra*.

Este tratado, escrito alrededor del año 500 a.C., descubre los secretos de la logística y el armamento, reseña los sistemas de mando, explica las llaves de la comunicación y las claves de la disciplina, diferencia los niveles de rango, y sobre todo, establece pautas de estrategia absolutamente innovadoras que aún hoy siguen vigentes.

Los ensayos de Sun Tzu influyeron en la obra de Maquiavelo, fueron decisivos en los planes militares de Napoleón, y modelaron las ideas políticas de Mao Tse Tung. Muchos lo consideran el mejor libro de estrategia que se haya escrito, porque es el único tratado sobre la guerra que establece pautas para alcanzar soluciones pacíficas.

Llegó por primera vez a Europa traducido por el sacerdote jesuita J. J. M. Amiot en los años anteriores a la Revolución Francesa.

El pensamiento de Sun Tzu se apoya en estos dos preceptos fundamentales:

1. Todo el Arte de la Guerra se basa en el engaño.
2. El supremo Arte de la Guerra es someter al enemigo sin luchar.

Estas ideas, muy difundidas en Asia, llegaron rápidamente a Japón, donde los militares nipones las adoptaron, y le agregaron conocimientos propios. El Samurai Miyamoto Mushashi, estudió los textos de Sun

Tzu durante su formación, y escribió el más importante tratado de guerra japonés: *El libro de los Cinco Anillos*.

La filosofía del Arte de la Guerra de Sun Tzu se aplica hoy a la empresa y la superación personal. Muchos principios de los gurús modernos de la gestión empresarial son prácticamente citas literales de la obra de Sun Tzu. La palabra *ejército* es reemplazada por la palabra *empresa*, el *campo de batalla* se convierte en el *mercado*, el *enemigo* se convierte en la *competencia*, la *guerra* se transforma en el *marketing*, y el *armamento* es reemplazado por los *recursos*.

Para Sun Tzu es exitoso el que alcanza las metas que se fija, sin devastar, ni avasallar. Triunfa el que elabora una táctica para conseguirlo, aprovecha su oportunidad, acepta sus debilidades y reconoce sus fortalezas.

Estos fundamentos continúan vigorosos y en uso a pesar de sus 25 siglos de vida, y se convirtieron en un instrumento de gran utilidad para los hombres de negocios.

4 La presencia de El Arte de la Guerra en las organizaciones actuales

"Me encantan las ideas de Sun Tzu, primero pensé que se trataba de pensamientos anacrónicos, pero al finalizar la lectura de *El Arte de la Guerra*, entendí que a pesar de sus dos mil quinientos años de antigüedad, esa filosofía sigue siendo aplicable", explicaba uno de los integrantes de la familia televisiva Los Soprano. Los personajes mafiosos leyeron y recomendaron la lectura de *El Arte de la Guerra* de Sun Tzu durante varios capítulos, y el legendario tratado se convirtió en un inesperado best-seller, poniendo en circulación nuevamente las ideas del general chino.

Varias ediciones de *El Arte de la Guerra* circulan desde entonces entre los estudiantes de Marketing, induciendo razonamientos y conclusiones heterogéneas, que desembocan irremediablemente en debates sobre el mercado, la empresa y los negocios.

Los generales chinos eran filósofos y poetas, además de militares, y trasladaban su fina sensibilidad al terreno de la guerra. Por eso, el pragmatismo riguroso de sus tácticas llega a nosotros resuelto en un delicioso ejercicio literario. La estrategia bélica explicada a través de bellas metáforas y eficaces ejemplos, se convierte entonces en uno de los más vigorosos libros de psicología aplicada jamás escrito.

Esta edición de *El Arte de la Guerra* es el resultado de la lectura comparativa de las muchas que se pueden hallar en librerías. Traté de hacer mi propia versión a través de un cuidadoso seguimiento de traducciones y comentarios.

Detrás de cada capítulo se pueden leer apuntes y anotaciones, que intentaron trasladar la filosofía militar china al mundo de la empresa y los negocios. No tienen un orden estricto y no conforman un cuerpo de conocimiento riguroso, pero respetan la frescura del pensamiento espontáneo y la interpretación honesta. Deben leerse como aforismos o frases, y tomar de ellos lo que sea de utilidad para cada proyecto.

Que el repaso de estas voces provoque entre los lectores nuevas miradas y disquisiciones originales y que, en definitiva, aporte soluciones éticas, métodos posibles y mecanismos eficaces para alcanzar el éxito.

Como diría Sun Tzu: "Prudencia con creatividad y firmeza con paciencia, para alcanzar la victoria".

Carles Font

Capítulo I

Valoración y cálculo

La guerra es para el Estado el territorio de la vida o de la muerte, el sendero hacia la supervivencia o la pérdida del Imperio. Por eso es imprescindible manejarla bien.

Si no es posible recapacitar y pensar con sensatez sobre todo lo que tiene que ver con la guerra, seremos culpables, por indiferencia u omisión, de la pérdida de lo que más queremos.

Los cinco elementos

A la guerra hay que valorarla a partir de estos cinco elementos fundamentales:

1. La política
2. El clima
3. El terreno
4. El mando
5. La disciplina

La política representa aquello que hace que el pueblo se sienta en armonía con su gobernante. Es un aprendizaje que logra que los súbditos sigan a las autoridades con fidelidad, sin preocuparse por sus vidas y sin temor frente a cualquier peligro.

El clima es el Yin y el Yang, es el día y la noche, es el calor y el frío, las mañanas claras y los amaneceres lluviosos, la primavera y el otoño, el invierno y el verano.

El terreno expresa las distancias y describe los espacios, para saber si es fácil o difícil desplazarse, si es campo abierto o es un lugar estrecho. Estos datos serán decisivos para evaluar las posibilidades de supervivencia.

El mando describe las cualidades que debe tener el que dirige a la tropa: sabiduría, sinceridad, benevolencia y coraje.

La disciplina es la calidad imprescindible que requiere un ejército para organizarse. Explica también las graduaciones y los rangos entre los oficiales, el sistema de los itinerarios de las provisiones y el abastecimiento de material militar al ejército.

Todo general debe conocer estos cinco factores primordiales.
El general que domine estas cinco claves, seguramente vencerá.
El general que no maneje estas cinco soluciones, seguramente será derrotado.

Los siete factores

Al trazar los planes han de compararse los siguientes siete factores, valorando cada uno con el mayor cuidado:

1. ¿Qué dirigente es más sabio y capaz?
2. ¿Qué comandante posee el mayor talento?
3. ¿Qué ejército obtiene ventajas de la naturaleza y el terreno?
4. ¿En qué ejército se observan mejor las regulaciones y las instrucciones?
5. ¿Qué tropas son más fuertes?
6. ¿Qué ejército tiene oficiales y tropas mejor entrenadas?
7. ¿Qué ejército administra recompensas y castigos de forma más justa?

Mediante el estudio de estos siete factores el general será capaz de adivinar cuál de los dos bandos saldrá victorioso y cuál será derrotado.
El general que siga estos consejos es seguro que vencerá.
Ese general ha de ser mantenido al mando.
Aquel que ignore estos consejos ciertamente será derrotado y deberá ser destituido.
Tras prestar atención a estos planes el general deberá crear situaciones que contribuyan a su cumplimiento y actuar de acuerdo con lo que le es ventajoso.

Claves para la victoria

El arte de la guerra se basa en el engaño.
Cuando se tiene capacidad de atacar, se ha de aparentar incapacidad.
Cuando las tropas se mueven, deberán aparentar inactividad.
Si están cerca del enemigo, han de hacerle creer que están lejos.
Si están lejos, deberán aparentar que están cerca.
Deberán poner cebos para atraer al enemigo.
Deberán golpear al enemigo cuando esté desordenado.
Prepararse contra él cuando esté seguro en todas partes.
Evitarle durante un tiempo cuando se presenta más fuerte.
Si tu oponente tiene un temperamento colérico, intenta irritarle.
Si es arrogante, trata de fomentar su egoísmo.
Si las tropas enemigas se hallan bien preparadas tras una reorganización, intenta desordenarlas.
Si están unidas, siembra la disputa entre sus filas.
Ataca al enemigo cuando no está preparado, y aparece frente a él cuando no te espera.
Estas son las claves de la victoria para el estratega.

Evaluación

Si las estimaciones realizadas antes de la batalla auguran una victoria es porque los cálculos realizados muestran que las condiciones propias son más favorables que las condiciones del enemigo.

Si las estimaciones realizadas antes de la batalla indican una derrota es porque los cálculos realizados muestran que las condiciones para la batalla no son favorables.

Con una evaluación cuidadosa uno puede vencer.

Sin una evaluación cuidadosa es imposible vencer.

Muy pocas oportunidades de victoria tendrá aquel que no realiza cálculos y evaluaciones antes de la batalla.

Si se examina la situación, los resultados aparecerán claramente.

Conocer el mercado

Si no somos capaces de entender las necesidades del mercado y no logramos satisfacerlas con las posibilidades de la empresa, condenamos a la empresa al fracaso.

Las empresas se definen por los clientes que tienen, no por los productos que hacen.

Los estudios de mercado marcan tendencias y nos dan pautas sobre la relación de fuerzas de nuestra empresa con la competencia. Nunca debemos desconocer estas indicaciones y jamás debemos aventurarnos en una batalla comercial sin realizar un estudio previo del clima operativo, el producto, el cliente posible y el espacio de ventas.

Muy pocas oportunidades de éxito tendrá la empresa que no realice cálculos y evaluaciones antes de enfrentar un producto a la evaluación del mercado.

Para elaborar un plan de marketing exitoso, se debe estudiar el entorno en dónde se va a actuar, teniendo en cuenta los elementos que ayudan a posicionar el producto y las trabas que puedan aparecer para su introducción en el mercado.

La empresa que no conoce las condiciones del mercado difícilmente podrá ajustar su producto a las necesidades de los consumidores.

Doctrina de crecimiento

Una empresa puede crecer si tiene una doctrina de crecimiento, es decir, si plantea su existencia hacia arriba y hacia delante. Las empresas que se cimientan en una política de supervivencia son las que más posibilidades tienen de desaparecer. "Lo que no crece, muere".

Conocer el clima del mercado es tener los datos necesarios para manejarse en cada una de las situaciones. No todo es intuición. La intuición debe ocupar solo un pequeño porcentaje en nuestra toma de decisiones. El conocimiento es el mejor camino hacia el éxito, pero no es el único. El equilibrio entre el conocimiento y la intuición llevarán a la empresa a buen puerto.

El terreno en el que se desarrolla la competencia, ofrece dificultades para sortear y ventajas para aprovechar. Si hacemos productos y buscamos mercados, debemos conocer el espacio en el que sucederá la batalla. Sabemos qué producto queremos vender y conocemos a quién puede comprarlo, pero la operación fracasará si no sabemos dónde sucederá la operación y cómo hacer llegar el producto al cliente.

Capital humano

El capital más importante de una empresa es el capital humano. Gerenciar correctamente no es solo manejar los recursos materiales y lograr que las cuentas cierren. La calidad de los trabajadores se traduce en buenos productos. Saber mandar es saber asociar los intereses de la empresa con los intereses de los empleados. Si el trabajador se convierte en un cliente interno satisfecho, el cliente externo se convertirá en el socio más fiel de la empresa. La sabiduría de un gerente no está en su capacidad para dar órdenes sino en su capacidad para escuchar sugerencias. La sinceridad en la empresa no se manifiesta diciendo siempre lo que se piensa, sino pensando siempre lo que se dice. Un jefe benévolo es un hombre justo que premia sin dar limosna y corrige sin castigar. Los hombres de empresa manifiestan su coraje aceptando sus errores.

Orden

La empresa requiere organización para ser. Una empresa organizada no es una empresa cerrada. Gerenciar con disciplina no es fundar una relación vertical y autoritaria basada en el miedo. Mantener el orden es crear canales beneficiosos para la empresa, donde los empleados establecen su propio orden.

Las siete preguntas

Al trazar la estrategia de la empresa conviene comparar los siguientes factores a través de siete preguntas, para medir las fuerzas propias y valorar correctamente la de la competencia:
1. ¿Mi empresa hace mejores productos que la competencia?
2. ¿Mi empresa está mejor gerenciada que la competencia?
3. ¿Qué sé del mercado y qué sabe la competencia del mercado?

4. ¿Cómo está organizada mi empresa y cómo está organizada la competencia?
5. ¿Cómo calificaría a mis empleados y cómo calificaría a los empleados de la competencia?
6. ¿Estamos en condiciones de competir y ganar?
7. ¿Cómo son los sueldos que les pago a mis empleados, menores o mayores que los sueldos que paga la competencia?

Claves de la victoria para el estratega

El mercado se gana con seducción y apariencia.

Deberán golpear a la competencia cuando se muestra desorganizada.

Prepararse para ganar el mercado solo cuando se está seguro de lograrlo.

Evitar competir cuando se sabe que la otra empresa está más fuerte.

Es posible ganar el mercado cuando la competencia no se imagina que alguien se atreverá a competir.

Consumidor

Las características del consumidor que una empresa debe estimar para desplegar una táctica de venta son de tres tipos:

Demográficas: edad, sexo, ocupación, nacionalidad, poder adquisitivo.

Geográficos: densidad, clima, terreno.

Psicosociales: estilo de vida, clase social, personalidad, estudios cursados.

Para interpretar adecuadamente una apreciación del mercado, la empresa deberá formar dirigentes aptos, con una mirada visionaria y superadora de la propia empresa, conocedores del producto, capaces de dar instrucciones y delegar tareas, de calibrar el poder de la competencia y de tomar decisiones para lograr objetivos con honestidad.

Capítulo II

Origen y generación

Aunque estés ganando, la prolongación exagerada de la guerra desanimará a las tropas y volverá torpe la espada.
    Si estás sitiando una ciudad, agotarás tus fuerzas.
    Si mantienes a tu ejército durante mucho tiempo en campaña, tus suministros se agotarán.
    Una victoria rápida es el principal objetivo de la guerra.
    Si la victoria tarda en llegar, las armas pierden el filo y la moral decae.

Armas

Las armas son instrumentos de mala suerte; emplearlas por mucho tiempo producirá calamidades.
    Como se ha dicho: "Los que a hierro matan, a hierro mueren".
    Los que no son totalmente conscientes de la desventaja de servirse de las armas no pueden ser totalmente conscientes de las ventajas de utilizarlas.

Desaliento

En el momento en que las tropas se desalientan, la espada se vuelve torpe, se agotan las fuerzas y los suministros se terminan, hasta los propios soldados se aprovecharán de tu debilidad para sublevarse.
    Entonces, aunque tengas consejeros sabios, no podrás hacer que las cosas salgan bien.

Cuando el ardor decae, la fuerza disminuye y el tesoro se acaba, los jefes de los estados vecinos tomarán ventaja de la crisis para actuar.

Despilfarros

Los despilfarros estúpidos en tiempo de guerra son presagio de derrota.
No existe una operación inteligente que fuese prolongada.
Nunca ha existido una guerra larga que haya beneficiado al país.
He oído hablar de operaciones militares que han sido torpes y repentinas, pero nunca he visto a ningún experto en el arte de la guerra que mantuviese la campaña por mucho tiempo.
Sé rápido como el trueno que retumba antes de que hayas podido taparte los oídos, veloz como el relámpago que relumbra antes de haber podido pestañear.

Movilización y recursos

Los que utilizan los medios militares con pericia no activan a sus tropas dos veces, ni proporcionan alimentos en tres ocasiones, con un mismo objetivo.
Esto quiere decir que no se debe movilizar al pueblo más de una vez por campaña y que inmediatamente después de alcanzar la victoria no se debe regresar al propio país para hacer una segunda movilización.
Al principio esto significa proporcionar alimentos (para las propias tropas), pero después se quitan los alimentos al enemigo.
Si tomas los suministros de armas de tu propio país, pero quitas los alimentos al enemigo, puedes estar bien abastecido de armamento y de provisiones.
Cuando un país se empobrece a causa de las operaciones militares se debe al transporte de provisiones desde un lugar distante. Si las transportas desde un lugar distante el pueblo se empobrecerá.
Los que habitan cerca de donde está el ejército pueden vender sus cosechas a precios elevados, pero se acaba de este modo el bienestar de la mayoría de la población.
Cuando se transportan las provisiones muy lejos, la gente se arruina a causa del alto costo.

En los mercados cercanos al ejército los precios de las mercancías se aumentan. Por lo tanto, las largas campañas militares constituyen una lacra para el país.

Cuando se agotan los recursos los impuestos se recaudan bajo presión. Cuando el poder y los recursos se han agotado se arruina el propio país. Se priva al pueblo de gran parte de su presupuesto mientras que los gastos del gobierno para armamentos se elevan.

La base de un país

Los habitantes constituyen la base de un país; los alimentos son la felicidad del pueblo. El príncipe debe respetar este hecho y ser sobrio y austero en sus gastos públicos.

En consecuencia, un general inteligente lucha por desproveer al enemigo de sus alimentos. Cada porción de alimentos tomados al enemigo equivale a veinte que te suministras a ti mismo.

Así pues, lo que arrasa al enemigo es la imprudencia, y la motivación de los tuyos en asumir los beneficios de los adversarios.

Un general inteligente hace que sus tropas se aprovisionen del enemigo, pues una medida de provisiones enemigas es equivalente a veinte de las propias, y una medida de la comida del enemigo equivale a veinte de las propias.

El coraje de los soldados

De cara a incrementar el coraje de los soldados al atacar al enemigo, ha de encolerizarlos. De cara a capturar más botín del enemigo, ha de recompensarlos.

Cuando recompenses a tus hombres con los beneficios que ostentaban los adversarios los harás luchar por propia iniciativa, y así podrás tomar el poder y la influencia que tenía el enemigo. Es por esto por lo que se dice que donde hay grandes recompensas hay hombres valientes.

Por consiguiente, en una batalla de carros, recompensa primero al que tome al menos diez carros.

Si recompensas a todo el mundo, no habrá suficiente para todos, así pues ofrece una recompensa a un soldado para animar a todos los demás.

Cambia los colores de los soldados enemigos hechos prisioneros, utilízalos mezclados con los tuyos. Trata bien a los soldados y préstales atención. Los soldados prisioneros deben ser bien tratados, para conseguir que en el futuro luchen para ti. A esto se llama vencer al adversario e incrementar por añadidura tus propias fuerzas.

Si utilizas al enemigo para derrotar al enemigo serás poderoso en cualquier lugar a donde vayas.

Así pues, lo más importante en una operación militar es la victoria y no la persistencia. Esta última no es beneficiosa. Un ejército es como el fuego: si no lo apagas se consumirá por sí mismo.

El que está a la cabeza del ejército está a cargo de las vidas de los habitantes y de la seguridad de la nación.

Por todo esto, y dado que lo único valioso en la guerra es la victoria, no se deben prolongar las operaciones.

¿Cuándo comienzo un buen negocio?

Un buen negocio comienza en el momento en que se activa el proceso de planeamiento y se pone en marcha una idea.

Luego se deciden precios, se eligen caminos de desarrollo y se agilizan las posibilidades de distribución de bienes.

En definitiva, se intenta crear una reciprocidad que satisfaga las necesidades del consumidor y los propósitos de la empresa.

Tiempo y esfuerzo

El éxito hay que conseguirlo en el mínimo tiempo factible, con el menor gasto y esfuerzo posible.

El mal clima interno se traslada desde la empresa al mercado. El descontento de los empleados se transforma en clientes perdidos.

Los gastos superfluos e innecesarios anticipan el fracaso.

No se le puede ofrecer al mercado más de lo que el mercado pueda absorber.

Colaboradores

Cuando una empresa pierde dinero a causa de una mala operación comercial, no deben ser los empleados los que paguen esa derrota.

Si se priva al personal de su sueldo, o se elimina de la empresa a los trabajadores más calificados, será imposible recuperar lo perdido.

Los empleados constituyen la base de una empresa, los buenos sueldos son la felicidad del personal.

La empresa debe entender este hecho y saber que los salarios no son un gasto. La empresa que no comprenda la importancia de la inversión en recursos humanos fracasará.

Cuando se recompensa a los trabajadores por los beneficios obtenidos por su trabajo, se hace crecer su capacidad de trabajo y se lo asocia a los intereses de la empresa, comprometiéndolos a luchar por propia iniciativa.

Donde hay buenos salarios, habrá excelentes resultados.

Todos los empleados deben ser recompensados. No hay tareas pequeñas. Cada engranaje hace caminar a la máquina.

Una buena evaluación del personal, ayudará a dominar el producto y a conocer a los clientes.

Capítulo III

Éxito y fracaso

Es mejor conservar intacto al enemigo luego de vncerlo que destruirlo por completo. Por eso se deben capturar sus soldados para conquistarlos y dominar a sus jefes.

Es beneficioso calcular la fuerza de los adversarios, hacer que pierdan su ánimo y dirección, de manera que aunque el ejército enemigo esté intacto sea inservible: esto es ganar sin violencia.

Si se destruye al ejército enemigo y se mata a sus generales, si se asaltan sus defensas disparando, se reúne a una muchedumbre y se usurpa un territorio, todo esto es ganar por la fuerza.

Conseguir cien victorias en cien batallas no es la medida de la habilidad: someter al enemigo sin luchar es la suprema excelencia.

Por esto, los que ganan todas las batallas no son realmente profesionales; los que consiguen que se rindan impotentes los ejércitos ajenos sin presentar lucha son los mejores maestros del Arte de la Guerra.

Los guerreros superiores atacan mientras los enemigos están proyectando sus planes. Luego deshacen sus alianzas.

El que lucha por la victoria frente a espadas desnudas no es un buen general. La peor táctica es atacar a una ciudad. Asediar, acorralar a una ciudad solo se lleva a cabo como último recurso.

Lo más importante en la guerra es rechazar la estrategia del enemigo.

Luego se deben romper sus alianzas mediante la diplomacia.

Y por último se debe atacar a su ejército.

La peor de todas las estrategias es atacar ciudades.

Se deben emplear no menos de tres meses para preparar las armas y otros tres para coordinar los recursos.

Nunca se debe atacar por cólera y con prisas. Es aconsejable tomarse tiempo en la planificación y coordinación del plan.

Un verdadero maestro vence a otras fuerzas enemigas sin batalla, conquista otras ciudades sin asediarlas y destruye a otros ejércitos sin emplear mucho tiempo.

Un maestro experto deshace los planes de los enemigos, desbarata sus alianzas, corta sus suministros y bloquea sus caminos, para vencer con táctica y estrategia, sin necesidad de presentar batalla.

La victoria completa se produce cuando el ejército no lucha, la ciudad no es asediada, la destrucción no se prolonga durante mucho tiempo, y en cada caso el enemigo es vencido por el empleo de la estrategia.

Fuerza

La regla de la utilización de la fuerza es la siguiente:
—si las fuerzas propias son diez veces superiores a las del adversario, debemos rodearlo;
—si las fuerzas propias son cinco veces superiores a las del adversario, debemos atacarlo;
—si las fuerzas propias son dos veces superiores a las del adversario, debemos dividirlo;
—si las fuerzas propias son iguales en número a las del adversario, debemos luchar solo si es posible;
—si las fuerzas propias son inferiores a las del adversario, debemos mantenernos continuamente en guardia, pues el más pequeño fallo nos acarrearía las peores consecuencias.

Siempre se debe mantener a las tropas bajo techo y evitar en lo posible un enfrentamiento abierto con el enemigo.

Prudencia y firmeza

La prudencia y la firmeza de un pequeño número de personas pueden llegar a cansar y a dominar incluso a numerosos ejércitos.

Este consejo se aplica en los casos en que todos los factores son equivalentes.

Si las fuerzas propias están en orden mientras que las del enemigo están inmersas en el caos, si tú y tus fuerzas están con ánimo y ellos desmoralizados, entonces, aunque sean más numerosos, puedes entrar en batalla.

Si sentimos que nuestra tropa, nuestras fuerzas, nuestra estrategia y nuestro valor son menores que las del adversario, entonces debemos retirarnos y buscar otra salida.

En consecuencia, si el bando más pequeño es obstinado, cae prisionero del bando más grande.

Esto quiere decir que si un pequeño ejército no hace una valoración adecuada de su poder y se atreve a enemistarse con una gran potencia, por mucho que su defensa sea firme, inevitablemente se convertirá en conquistado.

Si no se puede ser fuerte, pero tampoco se sabe ser débil, será inevitable la derrota.

Los generales deberán ser siempre servidores del pueblo. Cuando su servicio a la causa es completo, el pueblo se fortalece. Cuando su servicio a la causa es débil, el pueblo se debilita.

Tres formas

Hay tres formas en que un soberano puede llevar a la derrota a su ejército:

- Si, ignorante de que el ejército no debería avanzar, ordena un avance; o si, ignorante de que no debería retirarse, ordena una retirada. Esto se conoce como *desequilibrar al ejército*.
- Si, ignorante de los asuntos militares, interfiere en su administración. Esto causa perplejidad entre los oficiales.
- Si, ignorante de los problemas del mando, interfiere en la dirección de la lucha. Esto engendra dudas en la mente de los oficiales.

Si el ejército está confuso y suspicaz, los gobernantes vecinos tomarán ventaja de ello y causarán problemas. Esto es lo que significa la frase: Un ejército confuso lleva a la victoria del contrario.

Cinco casos

Hay cinco casos en los que puede predecirse la victoria:
- El que sabe cuando puede luchar y cuando no, saldrá victorioso.
- El que comprende cómo luchar, de acuerdo con las fuerzas del adversario, saldrá victorioso.

- Aquel cuyas filas estén unidas y los rangos superiores e inferiores tienen un mismo objetivo, saldrá victorioso.
- El que está bien preparado y descansa a la espera de un enemigo que no esté bien preparado, saldrá victorioso.
- Aquel cuyos generales son capaces y no sufren interferencias por parte de su soberano, saldrá victorioso.

Es en estos cinco puntos en los que se conoce el camino a la victoria.

Si conoces a tu enemigo y te conoces a ti mismo, en cien batallas, nunca saldrás derrotado.
Si eres ignorante de tu enemigo pero te conoces a ti mismo, tus oportunidades de ganar o perder son las mismas, perderás una batalla y ganarás otra.
Si eres ignorante de tu enemigo y de ti mismo, puedes estar seguro de ser derrotado en todas las batallas.

Conquistar el mercado

El propósito de una empresa debe ser conquistar el mercado sin dañarlo y de esa forma eludir la réplica frontal de la competencia.

La máxima estrategia se fundamenta en someter al competidor por virtudes propias y no en salir a vender colocando el producto propio en contra de otros productos.

El éxito consiste en quedarse con los clientes de los competidores sin perder mucho tiempo y sin que esta batalla dañe el capital de la empresa ni el espíritu comprador de los clientes.

Una seguidilla de ataques ingeniosos y encubiertos provocará en la competencia una respuesta tardía.

Utilizar a la competencia para ganar el mercado es la forma más eficaz de volverse poderoso.

Lo más importante en una operación comercial es ganar dinero. Las empresas no están concebidas solo para no perder. Sobrevivir no es vivir.

El que está a la cabeza de una empresa debe recordar siempre que dependen de sus decisiones los puestos de trabajo de muchas personas.

Sorpresa

Atacar donde menos lo espera la competencia.

Cuando se golpean sus puntos débiles se administran con éxito los recursos.

Cuando se decide atacar a la competencia en su punto más fuerte se desperdician los recursos.

No desperdiciar recursos es esencial para el crecimiento de la empresa, emprender una batalla comercial enfrentando al competidor en los terrenos donde tiene más fuerza, solo causará que el competidor se fortalezca y nuestra empresa se debilite.

Sensatez y solidez

La sensatez y la solidez de una pequeña empresa pueden ganar su porción de mercado y dominar a grandes empresas.

Si una pequeña empresa no hace una valoración adecuada de su poder y se atreve a competir con una gran empresa, aunque su producto sea mejor, inevitablemente fracasará.

Cuando una empresa no tiene recursos ni productos para ser poderosa, pero tampoco acepta ser débil, será inevitable su fracaso. No por su debilidad sino por no reconocer su debilidad.

Tres formas

Hay tres formas en que un gerente puede llevar a su empresa al fracaso:
- Si, ignorante de los deseos y las leyes del mercado, da órdenes equivocadas.
- Si, ignorante de los problemas y las virtudes de su empresa, interfiere en su administración.
- Si, ignorante de las disposiciones de otro gerente, da órdenes contradictorias y engendra dudas en la mente de los empleados.

Si el personal duda y no tiene confianza en sus jefes, la competencia tomará ventaja de ello.

Cinco casos

Hay cinco casos en los que puede predecirse el éxito comercial:
- El que sepa cuando conviene competir y cuando no, tendrá éxito.
- El que comprenda cómo y en qué condiciones competir, de acuerdo con las fuerzas propias y las del oponente, tendrá éxito.
- La empresa cuyo personal esté unido y todos los niveles de sus empleados tengan un objetivo común, tendrá éxito.
- El que reconozca sus propias debilidades y conozca las de la competencia, tendrá éxito.
- La empresa que tenga gerentes capaces, que no se contradigan entre sí y trabajen en equipo, tendrá éxito.

Tiempo

Es obligatorio tomarse el tiempo necesario para coordinar un plan de marketing. La empresa más lenta es la que se apura a actuar sin pensar.

Debe existir un departamento que actúe como guía en la empresa, para desarrollar, producir, completar y distribuir los productos que los consumidores quieran, en el momento en que los consumidores lo requieran.

Acciones a tiempo y en orden serán la clave del éxito de la empresa.

Objetivos alcanzables

Un plan estratégico debe definir la misión de la empresa y servir como referencia en todos los procedimientos.

Para obtener el éxito hay que tener una mirada clara sobre el cliente actual y el cliente potencial.

Los objetivos deben ser alcanzables, las tácticas ejecutables y los presupuestos posibles.

El consumidor debe ser el eje central de la empresa.

Capítulo IV

Invencibles y vulnerables

Antiguamente, los guerreros expertos se hacían a sí mismos invencibles en primer lugar, y después intentaban descubrir la vulnerabilidad de sus adversarios.

Ahora, para hacerse invencible hay que realizar dos actos: el primero es conocerse a sí mismo, y el segundo es prestar atención para descubrir la vulnerabilidad del adversario.

La invencibilidad está en uno mismo, pero la vulnerabilidad está en el otro.

Por esto, a pesar de que algunos guerreros expertos son realmente invencibles, no pueden hacer que sus adversarios sean vulnerables.

La victoria puede ser percibida, pero no fabricada.

Que alguien sepa cómo vencer, no significa que vaya a vencer.

La invencibilidad es una cuestión de defensa, la vulnerabilidad, una cuestión de ataque.

Mientras no hayas observado vulnerabilidades en el orden de batalla de los adversarios, oculta tu propia formación de ataque, y prepárate para ser invencible, con la finalidad de preservarte. Cuando los adversarios tienen órdenes de batalla vulnerables es el momento de salir a atacarlos.

Ataque y defensa

La defensa es para tiempos de escasez, el ataque para tiempos de abundancia.

Cuando no puedas derrotar al enemigo debes defenderte.

Cuando sientas que puedes vencer al enemigo debes atacarlo.

Uno se defiende cuando su fuerza es inadecuada, ataca cuando es abundante.

Solo aquellos que son hábiles para atacar y para defenderse son competentes para protegerse a sí mismos, capaces de sostener a los que los rodean y de lograr una victoria aplastante sobre el enemigo.

Los expertos en defensa se esconden bajo nueve capas de tierra.

Los expertos en maniobras de ataque se esconden en las más elevadas alturas cerca del cielo.

En situaciones de defensa, se acallan las voces y se borran las huellas, escondidos como fantasmas y espíritus bajo tierra, invisibles para todo el mundo.

En situaciones de ataque, el movimiento es rápido y el grito fulgurante, veloz como el trueno y el relámpago, sorpresas para las que nadie puede protegerse.

Destreza

Prever la victoria cuando cualquiera la puede conocer no constituye verdadera destreza. Todo el mundo elogia la victoria ganada en batalla, pero esa victoria no es realmente tan buena.

Todos aclaman los triunfos obtenidos con la lucha, pero lo verdaderamente deseable es poder ver el mundo de lo sutil y darse cuenta del mundo de lo oculto, hasta el punto de ser capaz de alcanzar la victoria donde no existe forma.

No importa si triunfas en la batalla y eres aclamado universalmente como "experto", porque no se requiere mucha fuerza para levantar un cabello, ni es necesario tener una vista aguda para ver el sol y la luna, ni se necesita tener mucho oído para escuchar el retumbar del trueno.

Lo que todo el mundo conoce no se llama sabiduría; la victoria de un poderoso sobre un débil obtenida en una batalla desigual no se considera una buena victoria.

En la antigüedad, los que eran conocidos como buenos guerreros vencían cuando era fácil vencer. Y las victorias conseguidas por uno de esos maestros de la guerra no significaban ni reputación de sabiduría ni coraje meritorio, pues salían victoriosos sin riesgos.

Si solo eres capaz de asegurar la victoria tras enfrentarte a un adversario en un conflicto armado, esa victoria saldrá muy cara.

Si eres capaz de ver los tenues detalles y de darte cuenta de lo insondable, irrumpiendo antes del orden de batalla, esa victoria será la más valiosa.

Las victorias de los buenos guerreros se destacan más por la inteligencia que por la bravura.

Las victorias nunca son debidas a la suerte, ni son casualidades, son producto de haberse situado previamente en posición de poder ganar con seguridad, imponiéndose sobre los que ya han perdido de antemano.

La gran sabiduría no es algo obvio.

El mérito grande no se anuncia.

Cuando eres capaz de ver lo invisible con lucidez, tu inteligencia será bravura.

Cuando resuelves los problemas antes de que surjan, tu bravura será inteligencia.

Cuando hay victoria sin batalla, habrá inteligencia y bravura.

Los buenos guerreros toman posición en un terreno en el que no pueden perder, y no pasan por alto las condiciones que hacen a su adversario proclive a la derrota.

En consecuencia, un ejército victorioso gana primero y entabla la batalla después; un ejército derrotado lucha primero e intenta obtener la victoria después.

Esta es la diferencia entre los que tienen estrategia y los que no tienen planes premeditados.

El terreno da lugar a las **mediciones**, estas dan lugar a las **valoraciones**, las **valoraciones** a los **cálculos**, estos a las **comparaciones** y las **comparaciones** dan lugar a las **victorias**.

En consecuencia, un ejército victorioso es como un kilo comparado con un gramo; un ejército derrotado es como un gramo comparado con un kilo.

El pueblo va a la batalla

Cuando el que gana consigue que su pueblo vaya a la batalla como si estuviera dirigiendo una gran corriente de agua hacia un cañón profundo, esto es una cuestión de orden de batalla.

Cuando el agua se acumula en un cañón profundo, nadie puede medir su cantidad, lo mismo que nuestra defensa no muestra su forma. Cuando se suelta el agua, se precipita hacia abajo como un torrente, de manera tan irresistible como nuestro propio ataque.

El camino

Los que utilizan bien las armas cultivan el camino y observan las leyes. Así pueden gobernar prevaleciendo sobre los corruptos.

Deben servirse de la armonía para desvanecer la oposición, nunca atacar un ejército inocente, no tomar prisioneros o tomar un botín por la fuerza empobreciendo al dominado, no cortar los árboles ni contaminar los pozos de agua, limpiar y purificar los templos de las ciudades y respetar la naturaleza del camino, y no repetir los errores de las civilizaciones decadentes, a todo esto se llama el Camino y sus leyes.

Un ejército disciplinado, con soldados que morirían antes que desobedecer las órdenes, que reciben recompensas y castigos justos y bien establecidos, con jefes y oficiales capaces de actuar de la misma forma que sus soldados, puede vencer a otro ejército dirigido por un príncipe corrupto.

Así pues, un ejército victorioso equivale a un saco en equilibrio contra un grano de arroz, y un ejército derrotado es como un grano de arroz en equilibrio contra un saco.

Las reglas militares son cinco:

- *Medición del espacio*
- *Valoración de las cantidades*
- *Cálculo*
- *Comparación*
- *Posibilidades de victoria*

Conocerse para descubrir

Para que una empresa sea exitosa debe realizar dos actos: el primero es conocerse a sí misma, y el segundo es estar atenta para descubrir los puntos débiles de la competencia.

El éxito está en uno mismo, pero la vulnerabilidad está en el otro.

Por esto, a pesar de que algunas grandes empresas parecen eternamente exitosas, no pueden hacer que la competencia sea vulnerable.

El éxito puede ser percibido, pero no fabricado.

Que una empresa sepa cómo tener éxito, no significa que vaya a tener éxito.

Mientras no se hayan advertido los puntos débiles de la competencia, se deben ocultar las propias intenciones al mercado.

Escasez y abundancia

Conservar lo que se ha logrado es una buena estrategia para los tiempos de escasez. Competir con nuevas ideas y productos es la mejor estrategia para los tiempos de abundancia.

Cuando no se puede competir se debe conservar.

Solo aquellas empresas que saben conservar lo logrado y competir en el momento exacto, serán capaces de proteger lo ganado, sostener los puestos de trabajo y conseguir el éxito comercial.

Tener éxito

Tener éxito cuando cualquiera puede hacerlo no constituye verdadera destreza.

Lo verdaderamente deseable es poder descubrir detalles y darse cuenta de datos ocultos del mercado, para alcanzar el éxito donde nadie lo hizo ni lo hará.

La táctica que todas las empresas repiten para tener éxito no se llama ciencia, porque imitar no es ser sabio.

Tener éxito cuando es fácil tener éxito es tener menos éxito.

Tener éxito sin riesgos, es tener un éxito efímero.

El éxito de las buenas empresas se destaca más por la inteligencia que por el coraje.

Tomar riesgos no significa ser inconsciente.

El éxito nunca es obra de la suerte, ni de la casualidad, es producto de haberse situado con seguridad, con previsión y en posición de poder ganar.

La gran ciencia de la empresa consiste en no basar el futuro del negocio en hechos comerciales obvios y productos elementales.

La mayor virtud no se proclama.

La empresa que es capaz de describir el mercado con lucidez y sagacidad tendrá éxito.

La empresa inteligente resuelve los problemas antes de que surjan.

Las buenas empresas toman posiciones audaces en un mercado en el que no pueden perder, y no pasan por alto las condiciones que hacen a la competencia proclive al fracaso.

Cinco claves para la empresa

Control
Evaluación
Deducción
Comparación
Medios

El mercado requiere un control;
los datos que arrojará ese control tendrán que ser evaluados;
esa evaluación permitirá deducir la proyección del negocio;
esta deducción permitirá realizar comparaciones con productos de la competencia;
valorando esas comparaciones se podrá acceder a los medios necesarios para alcanzar el éxito.

Capítulo V

Autoridad y fortaleza

Para demostrar nuestra fuerza podemos acumular energía, o hacer que el enemigo perciba más energía que la que realmente tenemos. Esto es muy cambiante. Los expertos son capaces de vencer al enemigo creando una percepción favorable en ellos y así obtener la victoria sin necesidad de ejercer su verdadera fuerza.

Para gobernar hay que organizar. Se debe ejercer la autoridad sobre muchas personas como si fueran pocos, para eso es necesario dividirlas en grupos o sectores.

Se puede batallar contra un gran número de soldados como si fueran pocos, si se demuestra fuerza en los símbolos y las señales.

Para vencer debemos lograr que el adversario perciba en nosotros un nivel de fuerza y poder superior.

Para no ser derrotados se deben emplear métodos ortodoxos o heterodoxos.

La ortodoxia y la heterodoxia no es algo fijo, sino que funcionan como un ciclo.

Un emperador que fue un famoso guerrero y administrador, hablaba de manipular las percepciones de los adversarios sobre lo que es ortodoxo y heterodoxo, y después atacar inesperadamente, combinando ambos métodos hasta convertirlo en uno, volviéndose así indefinible para el enemigo.

Piedras arrojadas sobre huevos

Que el efecto de las fuerzas sea como el de piedras arrojadas sobre huevos, es una cuestión de lleno y vacío.

Cuando induces a los adversarios a atacarte en tu territorio, su fuerza siempre está vacía (en desventaja).

Mientras que no compitas en la forma que el enemigo mejor lo hace, la fuerza siempre estará llena.

Atacar con lo vacío contra lo lleno es como arrojar piedras sobre huevos: de seguro se rompen.

Cuando se entabla una batalla de manera directa, la victoria se gana por sorpresa.

El ataque directo es ortodoxo.

El ataque indirecto es heterodoxo.

Solo hay dos clases de ataques en la batalla: el extraordinario por sorpresa y el directo ordinario, pero sus variantes son innumerables. Lo ortodoxo y lo heterodoxo se originan recíprocamente, como un círculo sin comienzo ni fin; ¿quién podría agotarlos?

Cuando la velocidad del agua que fluye alcanza el punto en el que puede mover las piedras, esta es la fuerza directa.

Cuando la velocidad y el vuelo del halcón son de tal rigor que puede atacar y matar, esto es precisión. Lo mismo ocurre con los guerreros expertos: su fuerza es rápida, su precisión certera. Su fuerza es como disparar una catapulta.

La precisión es dar en el objetivo previsto y causar el efecto esperado.

El desorden llega del orden, la cobardía surge del valor, la debilidad brota de la fuerza.

Si quieres fingir desorden para convencer a tus adversarios y distraerlos, primero tienes que organizar el orden, porque solo entonces puedes crear un desorden artificial.

Si quieres fingir cobardía para conocer la estrategia de los adversarios, primero tienes que ser extremadamente valiente, porque solo entonces puedes actuar como tímido de manera artificial.

Si quieres fingir debilidad para inducir la arrogancia en tus enemigos, primero has de ser extremadamente fuerte porque solo entonces puedes pretender ser débil.

El orden y el desorden son una cuestión de organización; la cobardía es una cuestión de ímpetu; la fuerza y la debilidad son una cuestión de la formación en la batalla.

Cuando un ejército pone en marcha la potencia de su impulso, el tímido se vuelve valiente.

Cuando un ejército pierde la fuerza de su impulso, el valiente se convierte en tímido.

Nada está fijado en las leyes de la guerra: estas se desarrollan sobre la base de los impulsos.

Astucia

Con astucia se puede anticipar y lograr que los adversarios se convenzan a sí mismos cómo proceder y moverse; les ayuda a caminar por el camino que les traza. Hace moverse a los enemigos con la perspectiva del triunfo, para que caigan en la emboscada.

Los buenos guerreros buscan la efectividad en la batalla a partir de la percepción y no dependen solo de la fuerza de sus soldados. Son capaces de escoger a la mejor gente, desplegarlos adecuadamente y dejar que la fuerza del ímpetu logre sus objetivos.

Cuando hay entusiasmo, convicción, orden, organización, recursos y compromiso de los soldados, la fuerza del ímpetu hace a todos valerosos.

Así es posible asignar a los soldados por sus capacidades y encomendarle responsabilidades adecuadas. El valiente puede luchar, el cuidadoso puede hacer de centinela y el inteligente puede estudiar, analizar y comunicar. Cada cual es útil.

Hacer que los soldados luchen permitiendo que la fuerza del ímpetu haga su trabajo es como hacer rodar rocas.

Las rocas permanecen inmóviles cuando están en un lugar plano, pero ruedan en un plano inclinado; se quedan fijas cuando son cuadradas, pero giran si son redondas.

Por lo tanto, cuando se conduce a los hombres a la batalla con astucia, el estímulo es como rocas redondas que se precipitan montaña abajo: esta es la fuerza que produce la victoria.

Impulso

Cuando las aguas torrenciales arrastran las piedras es a causa de su impulso.

Así pues, el impulso de aquel experimentado en la guerra es aplastante y su ataque extremadamente preciso.

Su potencial es el de un carcaj lleno; su precisión, el soltar la cuerda del arco.

Fuerzas extraordinarias

En la batalla, se usa la fuerza normal para resistir y las fuerzas extraordinarias para vencer.

Los recursos de aquellos que son expertos en el uso de fuerzas extraordinarias son tan infinitos como el cielo, tan inagotables como el fluir de los grandes ríos, puesto que terminan y recomienzan cíclicamente, como los movimientos del sol y la luna.

Pueden morir y renacer periódicamente, como las cuatro estaciones.

Las notas musicales son como las estaciones. Son solo cinco en número, pero sus combinaciones son tan infinitas que nadie puede visualizarlas todas.

Los sabores son solo cinco en número, pero sus mezclas son tan variables que nadie puede degustarlas todas.

En la batalla, solo existen las fuerzas normales y las extraordinarias, pero sus combinaciones tampoco tienen límite, nadie puede comprenderlas todas. Pues estas dos fuerzas se reproducen mutuamente. Es como el movimiento sin fin en un círculo. ¿Quién puede agotar las posibilidades de sus combinaciones?

Confusión

En medio del tumulto, la batalla parece caótica, pero no debe existir desorden en las propias tropas.

El campo de batalla puede parecer confusión y caos, pero el bando propio debe permanecer ordenado. Así será a prueba de derrotas.

La confusión aparente es el resultado de un perfecto orden.

La cobardía aparente es el resultado del mayor coraje.

La debilidad aparente es el resultado de la más grande fuerza.

Orden y desorden dependen de la organización y la dirección; coraje y cobardía, de las circunstancias; fuerza y debilidad, de las disposiciones tácticas.

Tentación

El que es capaz de tentar al enemigo con algo que desea alcanzar, lo mantendrá en movimiento sosteniendo ese algo fuera de su alcance y entonces, lo podrá atacar con tropas escogidas y lo vencerá.

Situación

Un comandante experto obtiene la victoria de la situación y no la exige de sus subordinados. Selecciona los hombres adecuados y explota la situación.

Fortaleza

Para demostrar su fortaleza, una empresa deberá lograr que el mercado perciba en sus actos y en sus productos más poder del que realmente tiene.

Organización

Para gerenciar hay que organizar.
  Se debe desplegar el mando sobre un personal numeroso como si se tratara de un reducido grupo de empleados, para eso es obligatorio dividir al personal en sectores y acertar en la ubicación de cada colaborador.

Percepción y sagacidad

La clave del éxito está en poder manejar las percepciones del mercado para lograr sorprenderlo.
  Con sagacidad se puede convencer al mercado para que camine por el camino que más nos conviene.
  Las buenas empresas buscan la efectividad en el mercado a través de la percepción y no dependen solo del esfuerzo de su personal.
  Pueden elegir a los mejores colaboradores, ubicarlos en el puesto en el que más rinden y unir sus voluntades y virtudes para alcanzar los objetivos.
  Cuando hay pasión, fe, armonía, método y responsabilidad en los empleados, el ímpetu de la empresa empuja hacia el éxito.

Excelencia

Para que una empresa alcance la excelencia, debe conseguir que sus empleados se agrupen y se organicen de acuerdo a sus capacidades y encomendarles tareas adecuadas.

Toda persona puede ser útil.

La exclusión vuelve inútil a una parte de la empresa, que no supo ver ni aprovechar la calidad de una persona.

La empresa que basa el tratamiento de sus recursos humanos en un plan de expulsión y despido, termina siendo expulsada y despedida del mercado.

Darse cuenta

Proyectar la imagen del producto es producir un posicionamiento del mismo para que los consumidores obtengan una percepción acertada de lo que van a consumir.

Cuando el producto es consumido, el cliente lo debe recordar por sus características exteriores (envase, etiqueta o logotipo) y por la satisfacción de una necesidad o un deseo que le produjo.

De esta manera el producto adquirirá un posicionamiento entre los consumidores, que solo perderá en el momento en que aparezca otro que lo satisfaga de igual o mejor manera.

En ese momento la empresa deberá darse cuenta del mensaje que le envía el consumidor, para renovar la imagen del producto, retirarlo del mercado para mejorarlo o simplemente no venderlo más.

Capítulo VI

Lleno y vacío

Los que anticipan, se preparan y llegan primero al campo de batalla y esperan al adversario, están descansados y en una posición ganadora; los que llegan últimos al campo de batalla, improvisan y entablan la lucha sin previsiones, quedan agotados y serán derrotados.

Los buenos guerreros hacen que los adversarios vengan a ellos y de ningún modo se dejan atraer fuera de su fortaleza.

Si haces que los adversarios vengan a ti para combatir su fuerza estará siempre vacía.

Si no sales a combatir tu fuerza estará siempre llena.

Este es el arte de vaciar a los demás y de llenarte a ti mismo.

Lo que impulsa a los adversarios a venir hacia ti por propia decisión es la perspectiva de ganar.

Lo que desanima a los adversarios de ir hacia ti es la probabilidad de sufrir daños.

Cansar al enemigo

Cuando los adversarios están en posición favorable, debes cansarlos.

Cuando están bien alimentados, cortar los suministros.

Cuando están descansando, hacer que se pongan en movimiento.

Ataca inesperadamente, haciendo que los adversarios se agoten corriendo para salvar sus vidas.

Interrumpe sus provisiones, arrasa sus campos y corta sus vías de aprovisionamiento.

Aparece en lugares críticos y ataca donde menos se lo esperen, haciendo que tengan que acudir al rescate.

Aparece donde no puedan ir y avanza hacia donde menos se lo esperen.

Para desplazarte cientos de kilómetros sin cansancio, atraviesa tierras despobladas.

Atacar un espacio abierto no significa solo un espacio en el que el enemigo no tiene defensa.

Mientras su defensa no sea estricta, los enemigos se desperdigarán ante ti, como si estuvieras atravesando un territorio despoblado.

Para tomar infaliblemente lo que atacas, ataca donde no haya defensa.

Instrucciones

Cuando se cumplan las instrucciones, las personas serán sinceramente leales y comprometidas, y los planes y preparativos para la defensa serán implantados con firmeza.

Cuando estemos convencidos que para mantener una defensa infaliblemente segura se debe defender donde no haya ataque, el enemigo no sabrá por dónde atacar.

Cuando nos manejemos con sutileza y reserva, nadie podrá revelar las estrategias de ninguna forma, y entonces los adversarios se sentirán inseguros y su entendimiento les será absolutamente inútil.

El destino de los adversarios

Sé extremadamente sutil, discreto, hasta el punto de no tener forma.

Sé completamente misterioso y confidencial, hasta el punto de ser silencioso.

De esta manera podrás dirigir el destino de tus adversarios.

Para avanzar sin encontrar resistencia, arremete por sus puntos débiles.

Para retirarte de manera esquiva, sé más rápido que ellos.

Las situaciones militares se basan en la velocidad: llega como el viento, muévete como el relámpago, y los adversarios no podrán vencerte.

Cuando no quieras entrar en batalla, incluso si trazas una línea en el terreno que quieres conservar, el adversario no puede combatir contigo porque le das una falsa pista.

Esto significa que cuando los adversarios llegan para atacarte, no luchas con ellos, sino que estableces un cambio estratégico para confundirlos y llenarlos de incertidumbre.

Por consiguiente, cuando induces a otros a efectuar una formación, mientras que tú mismo permaneces sin forma, estás concentrado, mientras que tu adversario está dividido.

Inducir al enemigo

Haz que los adversarios vean como extraordinario lo que es ordinario para ti; haz que vean como ordinario lo que es extraordinario para ti.

Esto es inducir al enemigo a efectuar una formación. Una vez vista la formación del adversario, concentras tus tropas contra él. Como tu formación no está a la vista, el adversario dividirá seguramente sus fuerzas.

Cuando estás concentrado formando una sola fuerza, mientras que el enemigo está dividido en diez, estás atacando a una concentración de uno contra diez, así que tus fuerzas superan a las suyas.

Si puedes atacar a unos pocos soldados con muchos, diezmarás el número de tus adversarios.

Cuando estás fuertemente atrincherado, te has hecho fuerte tras buenas barricadas y no dejas filtrar ninguna información sobre tus fuerzas, sal afuera sin formación precisa, ataca y conquista de manera incontenible.

No han de conocer dónde piensas librar la batalla, porque cuando no se conoce, el enemigo destaca muchos puestos de vigilancia, y en el momento en el que se establecen numerosos puestos solo tienes que combatir contra pequeñas unidades.

Así pues, cuando su vanguardia está preparada, su retaguardia es defectuosa, y cuando su retaguardia está preparada, su vanguardia presenta puntos débiles.

Las preparaciones de su ala derecha significarán carencia en su ala izquierda. Las preparaciones por todas partes significará ser vulnerable por todas partes.

Esto significa que cuando las tropas están de guardia en muchos lugares, están forzosamente desperdigadas en pequeñas unidades.

Cuando se dispone de pocos soldados se está a la defensiva contra el adversario, el que dispone de muchos hace que el enemigo tenga que defenderse.

Cuantas más defensas induces a adoptar a tu enemigo, más debilitado quedará.

Así, si conoces el lugar y la fecha de la batalla, puedes acudir a ella aunque estés a mil kilómetros de distancia. Si no conoces el lugar y la fecha de la batalla, entonces tu flanco izquierdo no puede salvar al derecho, tu vanguardia no puede salvar a tu retaguardia y tu retaguardia no puede salvar a tu vanguardia, ni siquiera en un territorio de unas pocas docenas de kilómetros.

Si tienes muchas más tropas que los demás, ¿cómo puede ayudarte este factor para obtener la victoria?

Si no conoces el lugar y la fecha de la batalla, aunque tus tropas sean más numerosas que las de ellos, ¿cómo puedes saber si vas a ganar o perder?

Así pues, se dice que la victoria puede ser creada.

Si haces que los adversarios no sepan el lugar y la fecha de la batalla, siempre puedes vencer.

Incluso si los enemigos son numerosos, puede hacerse que no entren en combate.

Por tanto, haz tu valoración sobre ellos para averiguar sus planes y determinar qué estrategia puede tener éxito y cuál no. Incítalos a la acción para descubrir cuál es el esquema general de sus movimientos y descansa.

Haz algo por o en contra de ellos para su atención, de manera que puedas de ellos para atraer descubrir sus hábitos de comportamiento de ataque y de defensa.

Indúcelos a adoptar formaciones específicas, para conocer sus puntos flacos.

Esto significa utilizar muchos métodos para confundir y perturbar al enemigo con el objetivo de observar sus formas de respuesta hacia ti; después de haberlas observado, actúas en consecuencia, de manera que puedes saber qué clase de situaciones significan vida y cuáles significan muerte.

Pruébalos para averiguar sus puntos fuertes y sus puntos débiles. Por lo tanto, el punto final de la formación de un ejército es llegar a la no forma. Cuando no tienes forma, los informadores no pueden descubrir nada, ya que la información no puede crear una estrategia.

Una vez que no tienes forma perceptible, no dejas huellas que puedan ser seguidas, los informadores no encuentran ninguna grieta por donde mirar y los que están a cargo de la planificación no pueden establecer ningún plan realizable.

Victoria sobre multitudes

La victoria sobre multitudes mediante formaciones precisas debe ser desconocida por las multitudes. Todo el mundo conoce la forma mediante la que resultó vencedora, pero nadie conoce la forma mediante la que aseguró la victoria.

En consecuencia, la victoria en la guerra no es repetitiva, sino que adapta su forma continuamente.

Determinar los cambios apropiados, significa no repetir las estrategias previas para obtener la victoria. Para lograrla, puedo adaptarme desde el principio a cualquier formación que los adversarios puedan adoptar.

Las formaciones son como el agua: la naturaleza del agua es evitar lo alto e ir hacia abajo; la naturaleza de los ejércitos es evitar lo lleno y atacar lo vacío; el flujo del agua está determinado por la tierra; la victoria viene determinada por el adversario.

Así pues, un ejército no tiene formación constante, lo mismo que el agua no tiene forma constante: se llama genio a la capacidad de obtener la victoria cambiando y adaptándose según el enemigo.

El experto no deja huella

Es tan divinamente misterioso que es inaudible.
Su ofensiva será irresistible si ataca las posiciones débiles del enemigo.
Cuando yo decido presentar batalla, mi enemigo, incluso protegido por altos muros y profundos fosos, no puede evitar enfrentarse a mí, pues ataco una posición que debe defender.
Cuando yo deseo evitar la batalla, puedo defenderme trazando una línea en el suelo: el enemigo será incapaz de atacarme, pues he hecho que se desplace a un lugar distinto del que él deseaba.
Si soy capaz de determinar las disposiciones del enemigo mientras que, al mismo tiempo, oculto las mías, entonces puedo concentrar mis fuerzas y las suyas han de dividirse.
Y si yo me concentro mientras él se divide, puedo usar toda mi fuerza para atacar una fracción de la suya. Por tanto, seré superior numéricamente.
Si soy capaz de usar a muchos para golpear a unos pocos en un punto seleccionado, aquellos caerán sin remisión.

Desorientar

El enemigo no debe conocer donde intentaré presentar batalla. Pues si él no sabe donde intento batallar, debe hacer preparativos en muchos lugares diferentes. Y cuando él se prepara en muchos lugares, aquellos con los que tendré que luchar serán menos.

Si se prepara en el frente, su retaguardia será débil, y si prepara su retaguardia, su frente será frágil.

Si refuerza su izquierda, su derecha será vulnerable, y si refuerza su derecha, le quedarán pocas tropas para la izquierda.

Y si envía tropas a todas partes, será débil en todas partes.

La inferioridad numérica deriva de tener que resguardarse contra los ataques posibles; la superioridad numérica deriva de forzar al enemigo a hacer este tipo de preparativos contra nosotros.

Análisis

Analiza los planes del enemigo de forma que puedas averiguar sus puntos débiles y sus puntos fuertes.

Agítalo de cara a identificar las pautas de sus movimientos.

Ponle señuelos para que revele sus disposiciones y determina su posición.

Lanza un ataque de prueba para aprender dónde es fuerte y dónde es deficiente.

El principal objetivo en la disposición de las tropas propias es situarlas sin que presenten una forma identificable.

De este modo, ni el más penetrante de los espías puede entrometerse, ni el más sabio puede trazar planes contra ti.

Planes

Los planes llevan a la victoria, pero la mayoría no entiende esto.

Aunque cualquiera puede ver los aspectos externos, nadie comprende cómo se ha alcanzado realmente la victoria.

Cuando se gana una batalla, las tácticas no deben repetirse.

Uno debe siempre responder a las circunstancias en una infinita variedad de modos.

Los cinco elementos

De los cinco elementos (agua, fuego, metal, madera y tierra), ninguno predomina siempre.

De las cuatro estaciones (primavera, verano, otoño e invierno) ninguna dura para siempre.

De los días, algunos son largos y otros cortos, y la luna crece y mengua.

Esta es también la regla que rige en el empleo de tropas.

El primero en actuar

En los negocios existe una ventaja en ser "el primero en actuar", el que sepa aprovechar esa ventaja competitiva alcanzará el éxito.

"Ser el primero en actuar" no significa dar el primer paso ni ser el que empieza.

La acción consiste en saber esperar el momento justo.

La empresa que logre abordar el mercado en el momento justo será "el primero en actuar" y disfrutará de valiosas y definitivas ventajas competitivas.

Para competir con éxito se necesita:

Astucia
Discreción
Confidencialidad
Intuición
Imaginación
Velocidad
Paciencia

Diez consejos

- Estudiar los proyectos de la competencia para vigilar sus puntos débiles
- Distinguir sus puntos fuertes
- Registrar sus movimientos
- Tentarla para que confiese sus decisiones

- Manipularla para que delate su ubicación
- Planificar para competir con éxito
- El primer paso del éxito es darse cuenta de que se tiene éxito
- El primer paso para superar el fracaso es reconocerlo a tiempo
- Si algo salió bien no se debe repetir la estrategia para que vuelva a salir bien
- No responder a los hechos que presenta el mercado siempre con el mismo gesto, ensayar una variedad de prácticas que permitan sorprender a la competencia

Inventar y renovar

Las empresas deben inventar y renovar para tentar al consumidor con productos que no existen aún en el mercado, pero que el mercado requiere. El vacío de ese producto lo hará necesario y le asegurará el éxito.

Si una empresa lanza al mercado un producto que ya existe deberá darle características únicas, que satisfagan las necesidades de los consumidores de un modo distinto.

Capítulo VII

Desafío y combate

Nada es más difícil que la lucha armada.

Luchar con otros cara a cara para conseguir ventajas es lo más arduo del mundo.

La dificultad de la lucha armada es hacer cercanas las distancias largas y convertir los problemas en ventajas.

Mientras que das la apariencia de estar muy lejos, empiezas tu camino y llegas antes que el enemigo.

Se debe hacer que la ruta del enemigo sea larga, atrayéndolo con la esperanza de ganar.

Cuando emprendemos la marcha después que los otros, pero llegamos antes que ellos, damos muestras de que conocemos la estrategia de hacer que las distancias sean cortas.

Engañar al enemigo

Debes utilizar a una unidad especial de tu tropa para engañar al enemigo atrayéndolo a una falsa persecución, haciéndole creer que el grueso de tus fuerzas está muy lejos; entonces, lanzas una fuerza de ataque sorpresa que llega antes, aunque emprendió el camino después.

Por consiguiente, la lucha armada puede ser provechosa con estrategia, pero puede ser peligrosa sin ella.

Para el experto estratega es provechosa; para el inexperto, peligrosa.

Movilizar a todo el ejército para el combate en aras de obtener alguna ventaja tomaría mucho tiempo, pero combatir por una ventaja con un ejército incompleto tendría como resultado una falta de recursos.

Si te movilizas rápidamente y sin parar día y noche, recorriendo el doble de la distancia habitual, y si luchas por obtener alguna ventaja a miles de kilómetros, tus jefes militares serán hechos prisioneros. Los soldados que sean fuertes llegarán allí primero, los más cansados llegarán después; como regla general, solo lo conseguirá uno de cada diez.

Cuando la ruta es larga las tropas se cansan; si han gastado su fuerza en la movilización llegan agotadas mientras que sus adversarios están frescos; así pues, es seguro que serán atacadas.

Tres cosas necesarias

Un ejército perece:
- si no está equipado
- si no tiene provisiones
- si no tiene dinero

Estas tres cosas son necesarias porque no se puede combatir para ganar con un ejército no equipado, o sin provisiones, o sin dinero.

El plan del rival

Si ignoras los planes de tus rivales no puedes hacer alianzas precisas.

A menos que conozcas las montañas y los bosques, los desfiladeros y los pasos, y la condición de los pantanos, no puedes maniobrar con una fuerza armada. A menos que utilices guías locales no puedes aprovecharte de las ventajas del terreno.

Solo cuando conoces cada detalle de la condición del terreno puedes maniobrar y guerrear.

Movilizar

Una fuerza militar se usa según la estrategia prevista, se moviliza mediante la esperanza de recompensa, y se adapta mediante la división y la combinación.

La estrategia distrae al enemigo para que no pueda conocer cuál es nuestra situación real y no pueda imponer su supremacía.

Se moviliza mediante la esperanza de recompensa, porque entra en acción cuando ve la posibilidad de obtener una ventaja.

Dividir y volver a hacer combinaciones de tropas se hace para confundir al adversario y observar cómo reacciona frente a esas situaciones.

Como el viento

Cuando una fuerza militar se mueve con rapidez es como el viento.
Cuando va lentamente es como el bosque; es voraz como el fuego e inmóvil como las montañas.
Es rápida como el viento porque llega sin avisar y desaparece como el relámpago.
Es como un bosque porque tiene un orden.
Es voraz como el fuego que devasta una planicie sin dejar tras sí ni una brizna de hierba.
Es inmóvil como una montaña cuando se acuartela.
Es tan difícil de conocer como la oscuridad.
Su movimiento es como un trueno que retumba.

Dividir

Para ocupar un lugar, divide tus tropas.
Para expandir tu territorio, divide los beneficios.
La regla general de las operaciones militares es desproveer de alimentos al enemigo todo lo que se pueda. Sin embargo, en localidades donde la gente no tiene mucho, es necesario dividir a las tropas en grupos más pequeños para que puedan tomar en diversas partes lo que necesitan, ya que solo así tendrán suficiente.
Dividir el botín significa que es necesario repartirlo entre las tropas para guardar lo que ha sido ganado, no dejando que el enemigo lo recupere.

Actuar

Se debe actuar después de haber hecho una estimación. Gana el que conoce primero la medida de lo que está lejos y lo que está cerca: esta es la regla general de la lucha armada.
El primero que hace el movimiento es el "invitado", el último es el "anfitrión".

El "invitado" lo tiene difícil, el "anfitrión" lo tiene fácil.

Cerca y lejos significan desplazamiento: el cansancio, el hambre y el frío surgen del desplazamiento.

Símbolos y señales

Un antiguo libro que trata de asuntos militares dice: "Las palabras no pueden ser escuchadas en la batalla, para eso se han hecho los símbolos y los tambores. Las banderas y los estandartes se hacen a causa de la ausencia de visibilidad".

Símbolos, tambores, banderas y estandartes se utilizan para concentrar y unificar los oídos y los ojos de los soldados. Una vez que están unificados, el valiente no puede actuar solo, ni el tímido puede retirarse solo: esta es la regla general del empleo de un grupo.

Unificar los oídos y los ojos de los soldados significa hacer que miren y escuchen al unísono de manera que no caigan en la confusión y el desorden. Las señales se utilizan para indicar direcciones e impedir que los individuos vayan a donde se les antoje.

Así pues, en batallas nocturnas, utiliza fuegos y tambores, y en batallas diurnas sírvete de banderas y estandartes, para manipular los oídos y los ojos de los soldados.

Utiliza muchas señales para confundir las percepciones del enemigo y hacerle temer tu temible poder militar.

De esta forma, haces desaparecer la energía de sus ejércitos y desmoralizas a sus generales.

Desmoralizar al enemigo

En primer lugar, has de ser capaz de mantenerte firme en tu propio corazón; solo entonces puedes desmoralizar a los generales enemigos.

Por esto, la tradición afirma que los habitantes de otros tiempos tenían la firmeza para desmoralizar.

Cuando la mente original es firme, la energía fresca es victoriosa.

Energía

La energía de la mañana está llena de ardor.

La energía del mediodía decae.

La energía de la noche se retira.

Los expertos en el manejo de las armas siempre prefieren la energía entusiasta, atacan la decadente y la que se bate en retirada.

Son ellos los que dominan la energía.

Cualquier débil en el mundo se dispone a combatir en un minuto si se siente animado, pero cuando se trata realmente de tomar las armas y de entrar en batalla es poseído por la energía.

Cuando esta energía se desvanece, se detendrá, estará asustado y se arrepentirá de haber comenzado.

La razón por la que esa clase de ejércitos miran por encima del hombro a enemigos fuertes, lo mismo que miran a las doncellas vírgenes es porque se están aprovechando de su agresividad, estimulada por cualquier causa.

Orden

Utilizar el orden para enfrentar al desorden.
Utilizar la calma para enfrentar a los que se agitan.
Dominar el corazón.
A menos que tu corazón esté totalmente abierto y tu mente en orden, no podrás manejar los acontecimientos de manera infalible, ni enfrentarte a las dificultades graves e inesperadas sin confundirte, ni dirigir cada cosa sin conflicto.

Dominar la fuerza

Dominar la fuerza es esperar a los que vienen de lejos, aguardar con toda comodidad a los que se han fatigado, y con el estómago saciado a los hambrientos.

Esto es lo que se quiere decir cuando se habla de atraer a otros hacia donde estás, al tiempo que evitas ser inducido a ir hacia donde están ellos.

Evitar la confrontación contra formaciones de combate bien ordenadas y no atacar grandes batallones constituye el dominio de la adaptación.

Por tanto, la regla general de las operaciones militares es no enfrentarse a una gran montaña ni oponerse al enemigo de espaldas a esta.

Esto significa que si los adversarios están en un terreno elevado, no debes atacarlos cuesta arriba, y que cuando efectúan una carga cuesta abajo, no debes hacerles frente.

No persigas a los enemigos cuando finjan una retirada, ni ataques tropas expertas.

Si los adversarios huyen de repente antes de agotar su energía, seguramente hay emboscadas esperándote para atacar a tus tropas; en este caso, debes retener a tus oficiales para que no se lancen en su persecución.

No consumas la comida de sus soldados.

Si el enemigo abandona de repente sus provisiones, estas han de ser probadas antes de ser comidas por si están envenenadas.

No detengas a ningún ejército que esté en camino a su país.

Bajo estas circunstancias, un adversario luchará hasta la muerte. Hay que dejarle una salida a un ejército rodeado.

Muéstrales una manera de salvar la vida para que no estén dispuestos a luchar hasta la muerte y así podrás aprovecharte para atacarlos.

No presiones a un enemigo desesperado.

Un animal agotado seguirá luchando, pues esa es la ley de la naturaleza.

Estas son las leyes de las operaciones militares.

Organizar

La organización de las tropas y la movilización de los hombres deben servir para convertir al ejército en una entidad armoniosa y colocarla en posición de ataque.

Nada es más difícil que el arte de maniobrar hasta posiciones ventajosas.

Lo complejo del tema es convertir la ruta más intrincada en la ruta más directa y distraer al enemigo con señuelos.

Alianzas

Aquel que no está de acuerdo con los designios de sus vecinos, no debe entrar en alianzas con ellos.

Engaño

La guerra se basa en el engaño.

Solo hay que moverse cuando sea ventajoso y crear cambios en la situación, dispersando o concentrando las fuerzas.

Para conquistar un territorio, se deben defender los puntos estratégicos.

Se deben evaluar las situaciones antes de efectuar un movimiento.

Aquel que domine el artificio de la diversidad saldrá victorioso. Así es el arte de maniobrar.

Tres cosas necesarias

Una empresa perece:
Si no tiene tecnología
Si no tiene personal idóneo
Si no tiene capital

Estas tres cosas son necesarias, porque no puede competir para ganar una empresa que carece de alguno de estos tres elementos: tecnología actualizada, personal capacitado y capital necesario.

Medir y organizar

Toda acción de la empresa debe estar respaldada por una estimación previa y crecer sobre una organización inteligente.

La organización debe servir para convertir a la empresa en una entidad armoniosa y posicionar sus productos en una posición ventajosa en el mercado.

Repartir

Para lograr un mayor rendimiento de la empresa hay que dividir las funciones de su personal.

Repartir las ganancias de la empresa es la mejor manera de conservar y multiplicar lo ganado, no dejando que la competencia lo recupere.

Una empresa debe:

Moverse según la estrategia prevista
Crecer por la esperanza de ganar dinero
Adaptarse a la división del trabajo

La estrategia distrae a la competencia:

Para que no pueda conocer cuál es nuestra situación real
Para que no pueda imponer su supremacía

Armonía

La organización del personal debe servir para convertir a la empresa en una institución armoniosa y colocarla en posición ventajosa en el mercado.

Alianzas

Las alianzas estratégicas siempre fallan si no basan su accionar en acuerdos sinceros, utilidades comunes, confianza mutua y lazos reales.

Si dos empresas se unen solamente por un interés coyuntural o por tener un competidor en común, seguramente fracasarán en su misión.

Libertad y orden

Para alcanzar el éxito la empresa deberá proceder frente a la competencia con libertad y orden.

Deberá adaptarse a las exigencias del mercado, responder a las nuevas demandas sin poner límites, manejar los efectos de la globalización y superar los inconvenientes accidentales.

Dificultades

Cada decisión para superar circunstancias especiales deberá ser estudiada, para que sea la mejor.

La empresa debe fundamentar su inteligencia en las dificultades.

Antes de actuar debe estimar cada una de las situaciones y medir el beneficio y el perjuicio que traerán.

Capítulo VIII

Cambio y adaptabilidad

El General no debe levantar su campamento en un terreno difícil. Debe permitir que se establezcan relaciones diplomáticas en las fronteras y no permanecer en un territorio árido ni aislado.

Cuando se encuentre en un terreno cerrado debe preparar alguna estrategia y moverse.

Cuando sea sorprendido en un espacio con peligro de muerte debe luchar.

Un terreno cerrado es aquel rodeado de lugares escarpados que no dejan escapar y quitan movilidad, de donde es difícil salir y volver.

Cada ruta debe ser estudiada para que sea la mejor.

Hay rutas que no se deben usar, ejércitos que no han de ser atacados, ciudades que no deben ser rodeadas, terrenos sobre los que no se debe combatir, y órdenes de gobernantes que no deben ser obedecidas.

En consecuencia, los generales que conozcan las variables posibles para aprovecharse del terreno sabrán cómo manejar sus fuerzas.

Si los generales no saben cómo adaptarse de manera ventajosa, aunque conozcan la condición del terreno, no podrán aprovecharse de él.

Adaptabilidad

Si están al mando de ejércitos pero ignoran las artes de la total adaptabilidad, aunque conozcan el objetivo a lograr, no pueden hacer que los soldados luchen por él.

El que es capaz de ajustar la campaña conforme al ímpetu y la calidad de las fuerzas obtendrá una ventaja, para que los únicos perjudicados sean los enemigos.

No existe una estructura permanente. El que comprenda este principio podrá hacer que los soldados actúen de la mejor forma posible.

Por lo tanto, las consideraciones de la persona inteligente siempre incluyen el analizar objetivamente el beneficio y el daño. Cuando considera el beneficio, su acción se expande; cuando considera el daño, sus problemas pueden resolverse.

El beneficio y el daño son interdependientes, y los sabios los tienen en cuenta.

Por ello, lo que retiene a los adversarios es el daño, lo que los mantiene ocupados es la acción y lo que los motiva es el beneficio.

La propia labor

Debes cansar a los enemigos manteniéndolos ocupados y no dejándolos respirar. Pero antes de lograrlo, tienes que realizar previamente tu propia labor.

Esa labor consiste en poner en marcha un ejército fuerte, mantener un pueblo próspero, concebir una sociedad armoniosa y justa, y desarrollar una manera ordenada de vivir.

Así pues, la norma general de las operaciones militares consiste en no contar con que el enemigo no acuda, sino confiar en tener los medios para enfrentarlo.

Recordar siempre el peligro cuando se está a salvo y tener presente el caos en tiempos de orden; permanecer atento al riesgo y a la confusión mientras no tengan todavía forma, y evitarlos antes de que se presenten; estas serán las tácticas más seguras y efectivas.

Por esto, existen cinco rasgos que son peligrosos en los generales. Los que están dispuestos a morir pueden perder la vida; los que quieren preservar la vida pueden ser hechos prisioneros; los que son dados a los apasionamientos irracionales pueden ser ridiculizados; los que son muy puritanos pueden ser deshonrados; los que son compasivos pueden ser turbados.

Si te presentas en un lugar que con toda seguridad los enemigos se precipitarán a defender, las personas compasivas se apresurarán invariablemente a rescatar a sus habitantes, causándose a sí mismos problemas y cansancio.

Estos son cinco rasgos que constituyen defectos en los generales y que son desastrosos para las operaciones militares.

Los buenos generales son de otra manera: se comprometen hasta la muerte pero no se aferran a la esperanza de sobrevivir; actúan de acuerdo con los acontecimientos, en forma racional y realista, sin dejarse llevar por las emociones ni estar sujetos a quedar confundidos. Cuando ven una buena oportunidad, son como tigres, en caso contrario cierran sus puertas.

Su acción y su no acción son cuestiones de estrategia y no pueden ser complacidos ni enfadados.

Estructura

Las empresas deben saber que ninguna estructura es inalterable.

Deben aprender a manejarse con la misma ductilidad y elasticidad con la que se maneja el mercado.

Cuando el personal percibe ideas firmes en un marco flexible pueden crear con mayor libertad y contagiar al consumidor ese espíritu.

Si el cliente interno actúa con seguridad y resuelve sus conductas con maleabilidad, confiará en sí mismo y en la empresa, y logrará que el cliente externo confíe en el producto.

Beneficio y daño

Una empresa inteligente debe analizar objetivamente el beneficio y el daño.

Cuando toma en cuenta el beneficio su acción se expande.
Cuando considera el daño sus problemas pueden resolverse.
Todo beneficio depende de un daño.
Todo daño depende de un beneficio.
El daño alerta.
La acción despierta.
El beneficio motiva.

Presencia

La empresa debe hacer sentir su presencia en el mercado para seguir viva.

Para ponerse en marcha, una empresa exitosa debe tener empleados exitosos.

Ganar mucho y repartir mucho es ganar más.

Solo si desarrollan su capacidad profesional los empleados podrá la empresa desarrollarse de una manera ordenada y permanente.

Atención

Ninguna empresa debe pensar que la competencia no luchará por un lugar en el mercado.

La confianza en los propios medios será más poderosa que la ausencia de contrincante.

Es positivo recordar las épocas de vacas flacas cuando la empresa tiene prosperidad.

Es positivo recordar el desconcierto en tiempos de paz.

La mejor manera de resistir y crecer es cuidarse de las amenazas externas tanto como de las falencias internas.

Gerentes

Los gerentes que pierden su vida privada para consagrar su tiempo a la empresa hacen que la empresa pierda vida.

Los que viven su trabajo con apasionamiento irracional trasladarán la irracionalidad a la empresa.

Solo los que hacen de su acción y su no acción materias estratégicas tendrán autoridad frente a sus colaboradores y harán que la empresa tenga autoridad frente al mercado.

Identificación

Para tener éxito, las empresas deberán reflexionar sobre su esencia, considerar el mercado en el que proyectarán sus productos e identificar claramente el perfil del consumidor que intentarán conquistar.

Deberán medir el grado de dificultad que deberán enfrentar para entrar, sostenerse y expandirse, y las posibilidades que tendrán para conquistar nuevos mercados.

Deberán posicionar el producto entre los consumidores y analizar beneficios y perjuicios.

Ninguna empresa, por más poderosa que sea, deberá creer que no tendrá competidores, siempre deberá estar preparada para enfrentarlos.

El secreto de las empresas exitosas está en desarrollar productos fuertes en un clima armonioso y ordenado, esto permitirá enfrentar a la competencia y sostenerse en el mercado.

Capítulo IX

Movilidad y distribución

La manera más ventajosa de ganar una batalla es hacer que las maniobras militares sean el resultado de planes proyectados y estrategias meditadas.

La movilidad y la efectividad de las tropas están directamente relacionadas con la capacidad de proyectar una táctica.

Si vas a colocar tu ejército en posición de observar al enemigo, atraviesa rápido las montañas y vigílalos desde un valle.

Cuesta abajo

Considera el efecto de la luz y mantente en la posición más elevada. Cuando combatas en una montaña, ataca desde arriba hacia abajo y no al revés.

Combate estando cuesta abajo y nunca cuesta arriba. Evita que el agua divida tus fuerzas, aléjate de las condiciones desfavorables lo antes que te sea posible.

No te enfrentes a los enemigos dentro del agua; es conveniente dejar que pasen la mitad de sus tropas y en ese momento, dividirlas y atacarlas.

No te sitúes río abajo.

No camines en contra de la corriente ni en contra del viento.

Si acampas en la ribera de un río tus ejércitos pueden ser sorprendidos de noche, empujados a ahogarse o se les puede colocar veneno en la corriente.

Tus barcas no deben ser amarradas corriente abajo, para impedir que el enemigo aproveche la corriente lanzando sus barcas contra ti.

Si atraviesas pantanos, hazlo rápidamente.

Si te encuentras frente a un ejército en medio de un pantano, permanece cerca de sus plantas acuáticas o respaldado por los árboles.

En una llanura, toma posiciones desde las que sea fácil maniobrar, manteniendo las elevaciones del terreno detrás y a tu derecha, estando las partes más bajas delante y las más altas detrás.

Generalmente, un ejército prefiere un terreno elevado y evita un terreno bajo, aprecia la luz y detesta la oscuridad.

Los terrenos elevados son estimulantes y por lo tanto, la gente se halla a gusto en ellos, además son convenientes para adquirir la fuerza del ímpetu. Los terrenos bajos son húmedos, lo cual provoca enfermedades y dificulta el combate.

Salud

Cuida de la salud física de tus soldados con los mejores recursos disponibles.

Cuando no existe la enfermedad en un ejército se dice que este es invencible.

El lado del sol

Donde haya montículos y terraplenes, sitúate en su lado soleado, manteniéndolos siempre a tu derecha y detrás.

Colocarse en la mejor parte del terreno es ventajoso para una fuerza militar.

La ventaja en una operación militar consiste en aprovecharse de todos los factores beneficiosos del terreno.

Cuando llueve, río arriba, y la corriente trae consigo la espuma, si quieres cruzarlo, espera a que escampe.

Siempre que un terreno presente barrancos infranqueables, lugares cerrados, trampas, riesgos, grietas y prisiones naturales debes abandonarlo rápidamente y no acercarte a él.

En lo que a mí concierne, siempre me mantengo alejado de estos accidentes del terreno, de manera que los adversarios estén más cerca que yo de ellos; doy la cara a estos accidentes de manera que queden a espaldas del enemigo.

Entonces estás en situación ventajosa y él tiene condiciones desfavorables.

Cuando un ejército se está desplazando, si atraviesa territorios montañosos con muchas corrientes de agua y pozos, o pantanos cubiertos de juncos, o bosques vírgenes llenos de árboles y vegetación es imprescindible escudriñarlos totalmente y con cuidado, ya que estos lugares ayudan a las emboscadas y a los espías.

Es esencial bajar del caballo y escudriñar el terreno por si existen tropas escondidas para tenderte una emboscada. También podría ser que hubiera espías al acecho observándote y escuchando tus instrucciones y movimientos.

El enemigo está cerca

Cuando el enemigo está cerca pero permanece en calma, quiere decir que se halla en una posición fuerte.

Cuando el enemigo está lejos pero intenta provocar hostilidades, quiere que avances.

Si además su posición es accesible, eso quiere decir que le es favorable.

Si un adversario no conserva la posición que le es favorable por las condiciones del terreno y se sitúa en otro lugar conveniente debe ser porque existe alguna ventaja táctica para obrar de esta manera.

Si se mueven los árboles es que el enemigo se está acercando.

Si hay obstáculos entre los matorrales es que has tomado un mal camino.

La idea de poner muchos obstáculos entre la maleza es hacerte pensar que existen tropas emboscadas escondidas en medio de ella.

Si los pájaros alzan el vuelo hay tropas emboscadas en el lugar.

Si los animales están asustados existen tropas atacantes.

Si se elevan columnas de polvo altas y espesas hay carros que se están acercando; si son bajas y anchas se acercan soldados a pie.

Humaredas esparcidas significan que se está cortando leña.

Pequeñas polvaredas que van y vienen indican que hay que levantar el campamento.

Si los emisarios del enemigo pronuncian palabras humildes mientras que este incrementa sus preparativos de guerra, esto quiere decir que va a avanzar.

Cuando se pronuncian palabras altisonantes y se avanza ostentosamente es señal de que el enemigo se va a retirar.

Si sus emisarios vienen con palabras humildes envía espías para observar al enemigo y comprobarás que está aumentando sus preparativos de guerra.

Cuando los carros ligeros salen en primer lugar y se sitúan en los flancos están estableciendo un frente de batalla.

Si los emisarios llegan pidiendo la paz sin firmar un tratado significa que están tramando algún complot.

Si el enemigo dispone rápidamente a sus carros en filas de combate es que está esperando refuerzos.

No se precipitarán para un encuentro ordinario si no entienden que les ayudará, o debe haber una fuerza que se halla a distancia y que es esperada en un determinado momento para unir sus tropas y atacarte. Conviene anticipar, prepararse inmediatamente para esta eventualidad.

Si la mitad de sus tropas avanza y la otra mitad retrocede es que el enemigo piensa atraerte a una trampa.

El enemigo está fingiendo en este caso confusión y desorden para incitarte a que avances.

Si los soldados enemigos se apoyan unos en otros es que están hambrientos.

Si los aguadores beben en primer lugar es que las tropas están sedientas.

Si el enemigo ve una ventaja pero no la aprovecha es que está cansado.

Si los pájaros se reúnen en el campo enemigo es que el lugar está vacío.

Si hay pájaros sobrevolando una ciudad el ejército ha huido.

Si se producen llamadas nocturnas es que los soldados enemigos están atemorizados. Tienen miedo y están inquietos, y por eso se llaman unos a otros.

Si el ejército no tiene disciplina, esto quiere decir que el general no es tomado en serio.

Si los estandartes se mueven es que está sumido en la confusión.

Las señales se utilizan para unificar el grupo; así pues, si se desplaza de acá para allá sin orden ni concierto, significa que sus filas están confusas.

Si sus emisarios muestran irritación significa que están cansados.

Si matan sus caballos para obtener carne es que los soldados carecen de alimentos; cuando no tienen marmitas y no vuelven a su campamento son enemigos completamente desesperados.

Falta de disciplina

Si se producen murmuraciones, faltas de disciplina y los soldados hablan mucho entre sí, quiere decir que se ha perdido la lealtad de la tropa.

Las murmuraciones describen la expresión de los verdaderos sentimientos; las faltas de disciplina indican problemas con los superiores.

Cuando el mando ha perdido la lealtad de las tropas, los soldados se hablan con franqueza entre sí sobre los problemas con sus superiores.

Si se otorgan numerosas recompensas es que el enemigo se halla en un callejón sin salida; cuando se ordenan demasiados castigos es que el enemigo está desesperado.

Cuando la fuerza de su ímpetu está agotada, otorgan constantes recompensas para tener contentos a los soldados, para evitar que se rebelen en masa.

Cuando los soldados están tan agotados que no pueden cumplir las órdenes son castigados una y otra vez para restablecer la autoridad.

Ser violento al principio y terminar después temiendo a los propios soldados es el colmo de la ineptitud.

Los emisarios que acuden con actitud conciliatoria indican que el enemigo quiere una tregua.

Si las tropas enemigas se enfrentan a ti con ardor, pero demoran el momento de entrar en combate sin abandonar no obstante el terreno, has de observarlos cuidadosamente.

Están preparando un ataque por sorpresa.

En asuntos militares, no es necesariamente más beneficioso ser superior en fuerzas, solo evitar actuar con violencia innecesaria; es suficiente con consolidar tu poder, hacer estimaciones sobre el enemigo y conseguir reunir tropas; eso es todo.

El enemigo que actúa aisladamente, que carece de estrategia y que toma a la ligera a sus adversarios, inevitablemente acabará siendo derrotado.

Si tu plan no contiene una estrategia de retirada o posterior al ataque, sino que confías exclusivamente en la fuerza de tus soldados y tomas a la ligera a tus adversarios sin valorar su condición, con toda seguridad caerás prisionero.

Si se castiga a los soldados antes de haber conseguido que sean leales al mando, no obedecerán, y si no obedecen, serán difíciles de emplear.

Tampoco podrán ser empleados si no se lleva a cabo ningún castigo, incluso después de haber obtenido su lealtad.

Cuando existe un sentimiento subterráneo de aprecio y confianza, y los corazones de los soldados están ya vinculados al mando, si se relaja la disciplina, los soldados se volverán arrogantes y será imposible emplearlos.

Por lo tanto, dirígelos mediante el arte civilizado y unifícalos mediante las artes marciales; esto significa una victoria continua.

Arte civilizado significa humanidad y artes marciales significan reglamentos. Mándalos con humanidad y benevolencia, unifícalos de manera estricta y firme. Cuando la benevolencia y la firmeza son evidentes es posible estar seguro de la victoria.

Cuando las órdenes se dan de manera clara, sencilla y consecuente a las tropas, estas las aceptan. Cuando las órdenes son confusas, contradictorias y cambiantes las tropas no las aceptan o no las entienden.

Cuando las órdenes son razonables, justas, sencillas, claras y consecuentes, existe una satisfacción recíproca entre el líder y el grupo.

Mirarse en el espejo

Es primordial para la empresa aprender a mirarse en el espejo con sinceridad: conocer con qué medios cuenta y trazar una estrategia para utilizarlos racionalmente.

El reconocimiento de las fuerzas propias determinará el impulso real de la empresa dentro del mercado y destacará su eficacia.

Si una empresa logra establecer los recursos con los que cuenta para participar en el mercado y tiene en claro la táctica que utilizará para oponerse a la competencia, aumentará su fuerza y la de sus productos.

Recurso humano

El recurso humano es el más importante de una empresa porque es el más difícil de reponer.

Un buen equipo de dirigentes y colaboradores conforman una buena empresa.

Un buen equipo de vendedores funciona como la cara de la empresa y se encarga de las relaciones públicas exteriores.

Si los vendedores solo se ocupan de vender venderán la mitad.

Calumnias, chismes y habladurías

Si proliferan las calumnias, los chismes y las habladurías en la empresa, la organización se resentirá.

Cuando la cabeza de la empresa pierde la lealtad del personal, el mercado pierde confianza en sus productos.

Si se acuerdan premios excesivos a los empleados para incentivar el trabajo, o gratificaciones exageradas a los consumidores para estimular la compra, se demuestra debilidad.

Si se ordenan demasiados castigos a los empleados para conservar la disciplina, o se intenta imponer un producto con agresividad, se demuestra debilidad.

Retirada

Si una empresa no toma en cuenta la posibilidad del deterioro y no desarrolla una estrategia de retirada, sino que confía exclusivamente en la fuerza eterna de sus productos y toma a la ligera a la competencia sin valorar su condición, con toda seguridad fracasará.

Fidelidad

Si la empresa comete injusticias con el cliente interno será difícil desarrollar la fidelidad a los productos del cliente externo.

Un sentimiento de aprecio y confianza entre los empleados hará que los consumidores tengan aprecio y confianza en los productos.

Sensibilidad y solidaridad con orden y fidelidad son ingredientes que deben aplicarse en la empresa para que los perciba el mercado.

Cuando las instrucciones se dan de un modo simple, con un lenguaje transparente y con un accionar constante, los recursos humanos de la empresa se ponen en marcha hacia el éxito.

Cuando las instrucciones son incomprensibles, impracticables e incoherentes, los recursos humanos se estancan y la empresa se encamina hacia el fracaso.

Cuando las instrucciones son razonables y justas se logra la satisfacción recíproca entre la empresa y el personal, y se extiende esa satisfacción recíproca a la relación establecida entre los consumidores y el producto.

Capítulo X

Ámbitos y terrenos

Algunos ámbitos son accesibles, otros espinosos, algunos indefinidos, otros ajustados, escabrosos o despejados.

Cuando el terreno es accesible, debes ser el primero en fijar la posición, escogiendo las alturas soleadas y estableciendo una posición adecuada para transportar los víveres; así tendrás ventaja al enfrentar la batalla.

Cuando te encuentres en un terreno difícil de salir, tu accionar estará limitado. En ese ámbito, frente a un enemigo sin preparación, vencerás si logras avanzar, pero si el enemigo está preparado e intenta igualmente avanzar, tendrás muchas dificultades para volver de nuevo a él, lo cual jugará en tu contra.

Cuando un ámbito es adverso para ambos bandos y ofrece ventajas y desventajas indefinidas, se dice que es un terreno neutro. En un terreno neutro, aunque el adversario te ofrezca una ventaja, no te conviene aprovecharla; debes retirarte, induciendo a la mitad de las tropas contrarias a salir; solo en ese momento puedes caer sobre el enemigo y aprovechar las condiciones favorables.

Si eres el primero en arribar a un ámbito ajustado, a un terreno estrecho, debes conquistarlo totalmente y esperar al adversario. Si el que llega antes es el enemigo, no debes perseguirlo si bloquea los desfiladeros. Persíguelo solo si no los bloquea.

Si eres el primero en llegar a un terreno escabroso y accidentado, debes ocupar los espacios más altos y soleados y esperar al enemigo. Si este los ha ocupado antes, retírate y no lo persigas.

En un terreno despejado y abierto, las fuerzas de los impulsos se encuentran igualadas y es difícil que alguno de los dos logre combatir con alguna ventaja.

Entender estos ámbitos es la responsabilidad principal del general y es imprescindible considerarlos.

Estas son las configuraciones del terreno; los generales que las ignoran serán derrotados.

Errores del general

Las tropas que huyen, la que se retraen, las que se derrumban, las que se rebelan y las que son derrotadas, no deben estas desgracias a desastres naturales ni a accidentes, sino que sufren los errores de sus generales.

Las tropas que batallan con gran ímpetu pero que atacan en proporción de uno contra diez, saldrán derrotadas.

Las tropas que tienen soldados fuertes pero cuyos oficiales son débiles, serán derrotadas.

Las tropas que tienen soldados débiles al mando de oficiales fuertes, se verán en apuros.

Cuando los oficiales superiores están irritados y actúan por su cuenta con violencia, como producto de un ataque de ira y por despecho, saldrán derrotados.

Cuando los generales ignoran sus capacidades, el ejército se desmoronará.

Como norma general, para poder vencer al enemigo, todo el mando militar debe tener una sola intención y todas las fuerzas militares deben cooperar.

Cuando los generales son débiles y carecen de autoridad, cuando las órdenes no son claras, cuando oficiales y soldados no tienen solidez y las formaciones son anárquicas, se produce una sublevación.

Los generales que son vencidos son los incapaces de medir al enemigo. Entran en combate con fuerzas superiores en número o mejor equipadas y no seleccionan a sus tropas según los niveles de preparación de las mismas.

Si empleas soldados sin separar a los que están entrenados de los que no están entrenados y a los valientes de los indecisos, te estás buscando tu propia derrota.

Seis formas de ser derrotado

Estas son las seis formas de ser derrotado. La comprensión de estas situaciones es la responsabilidad suprema de los generales. Para sortearlas deben ser consideradas.
La primera es no medir el número de fuerzas.
La segunda es la ausencia de un sistema claro de recompensas y castigos.
La tercera es la insuficiencia de entrenamiento.
La cuarta es la pasión irracional.
La quinta es la falta de orden.
La sexta es la mala selección de los soldados.

Configuración del terreno

La configuración del terreno puede ser un apoyo para el ejército.

Para los jefes militares, el curso de la acción adecuada es medir la fuerza del adversario para asegurar la victoria y calcular los riesgos y las distancias.

Salen vencedores los que libran batallas conociendo estos elementos; salen derrotados los que luchan ignorándolos.

Por lo tanto, cuando las leyes de la guerra señalan una victoria segura es claramente apropiado entablar batalla, a pesar de que el gobierno haya dado órdenes de no atacar.

Si las leyes de la guerra no indican una victoria segura es adecuado no entrar en batalla, aunque el gobierno haya dada la orden de atacar.

De este modo se avanza sin pretender la gloria, se ordena la retirada sin evitar la responsabilidad, con el único propósito de proteger a la población y en beneficio también del gobierno; así se rinde un servicio valioso a la nación.

Avanzar y retirarse en contra de las órdenes del gobierno no se hace por interés personal, sino para salvaguardar las vidas de la población y en auténtico beneficio del gobierno. Servidores de esta talla son muy útiles para un pueblo.

Autoridad

Protege a tus soldados como protegerías a un recién nacido, así estarán dispuestos a seguirte hasta los valles más profundos.

Cuida a tus soldados como cuidarías a tus queridos hijos y morirán gustosamente contigo.

Pero si eres tan amable con ellos que no los puedes utilizar, si eres tan indulgente que no les puedes dar órdenes, tan informal que no puedes disciplinarlos, tus soldados serán como niños mimados y por lo tanto, inservibles.

Las recompensas no deben utilizarse solas, ni debe confiarse solamente en los castigos. En caso contrario, las tropas, como niños mimosos, se acostumbran a disfrutar o a quedar resentidas por todo. Esto es dañino y los vuelve inservibles.

Posibilidades de ganar

Si sabes que tus soldados son capaces de atacar pero ignoras si el enemigo es invulnerable a un ataque, tendrás solo la mitad de posibilidades de ganar.

Si sabes que tu enemigo es vulnerable a un ataque pero ignoras si tus soldados son capaces de atacar, solo tendrás la mitad de posibilidades de ganar.

Si sabes que el enemigo es vulnerable a un ataque y tus soldados pueden llevarlo a cabo, pero ignoras si la condición del terreno es favorable para la batalla, tendrás la mitad de probabilidades de vencer.

Por lo tanto, los que conocen las artes marciales no pierden el tiempo cuando efectúan sus movimientos, ni se agotan cuando atacan.

Debido a esto se dice que cuando te conoces a ti mismo y conoces a los demás, la victoria no es un peligro; cuando conoces el cielo y la tierra, la victoria es inagotable.

Características del mercado

La empresa deberá registrar las características del mercado en el que se desenvuelve y planear tácticas de acuerdo a sus productos y a las necesidades del consumidor.

Si no tiene en cuenta este aspecto, el producto desaparecerá prematuramente.

Frágil

Cuando nuestro producto es frágil, la competencia tiene oportunidad de mejorarlo y lanzar al mercado un producto superior, que liquidará al nuestro y lo expulsará del gusto de los consumidores.

Por esa razón es fundamental conocer con profundidad a los competidores, saber en qué mercado se está moviendo nuestra empresa y a qué cosas se enfrentará. De ese modo podrá tomar decisiones que anticipen los problemas.

La energía en la acción garantizará la estabilidad del producto y el crecimiento de la empresa.

Doce errores

Existen doce acciones erróneas que hacen que una empresa fracase:
- No calcular la potencia de la competencia.
- Desconocer las propias fuerzas.
- La falta de un método de información.
- El exceso de información.
- La incapacidad en el manejo del mercado.
- La falta de creatividad y audacia.
- La pasión irracional.
- La razón desapasionada.
- La ausencia de orden.
- El exceso de orden.
- La falta de personal idóneo por una selección inadecuada de colaboradores.
- El descuido del personal idóneo por sueldos bajos, desmotivación y falta de estímulos.

El entendimiento de esta docena de incidentes es responsabilidad de la cúpula directiva de la empresa, que debe ser la encargada de tomar las disposiciones finales.

Autoridad

Si la conveniencia de la empresa contradice los intereses de los empleados, los productos de la empresa no conseguirán satisfacer los deseos de los consumidores.

La empresa debe velar por sus recursos humanos tanto o más que por sus recursos materiales.

Si un gerente es tan comprensivo que no puede dar órdenes y tan informal que no puede disciplinar, el personal no se sentirá representado y contenido por la empresa y los consumidores no se sentirán identificados con sus productos.

La armonía se logra balanceando las recompensas y los correctivos a los empleados. Para que nadie se acostumbre solo a disfrutar y se estanque en su producción, o quede resentido por un castigo que considera injusto, autoeliminándose de la rueda productiva. Esta falta de armonía vuelve inservible el accionar y los esfuerzos de la empresa para ingresar en el mercado.

Capítulo XI

Las nueve clases de terreno

De acuerdo a las leyes de las operaciones militares existen nueve clases de terreno.

1. Si intereses locales luchan entre sí en su propio territorio, a este se le llama terreno de dispersión.

   Porque en los casos en que los soldados están apegados a su casa y combaten cerca de su hogar, pueden ser dispersados con facilidad.

2. Cuando penetras en un territorio ajeno pero no lo haces en profundidad, a este se le llama territorio ligero.

   Esto significa que los soldados pueden regresar fácilmente.

3. El territorio que puede resultar ventajoso si lo tomas y ventajoso al enemigo si es él quien lo conquista, se llama terreno clave.

   Es un terreno de lucha inevitable en cualquier enclave defensivo o paso estratégico.

4. Un territorio igualmente accesible para ti y para los demás se llama terreno de comunicación.

   Es un espacio sin dificultades que generalmente no es territorio de batallas.

5. El territorio que está rodeado por tres territorios rivales y es el primero en proporcionar libre acceso a él a todo el mundo se llama terreno de intersección.

   El terreno de intersección es aquel en el que convergen las principales vías de comunicación uniéndolas entre sí: sé el primero en ocuparlo y la gente tendrá que ponerse de tu lado. Si lo obtienes te encuentras seguro; si lo pierdes corres peligro.

6. Cuando penetras en profundidad en un territorio ajeno y dejas detrás muchas ciudades y pueblos, a este terreno se lo llama difícil.
Es un ámbito del que es muy difícil regresar.

7. Cuando atraviesas montañas boscosas, desfiladeros abruptos u otros accidentes difíciles de atravesar, a este se lo llama terreno desfavorable.
Si la tropa vence las dificultades de un terreno desfavorable vencerá al enemigo.

8. Cuando el acceso es estrecho y la salida es tortuosa de manera que una pequeña unidad enemiga puede atacarte, aunque tus tropas sean más numerosas, a este se lo llama terreno cercado.
Si eres capaz de una gran adaptación, puedes atravesar este territorio.

9. Si solo puedes sobrevivir en un territorio luchando con rapidez y si es fácil morir si no lo haces, a este se lo llama terreno mortal.
Las tropas que se encuentran en un terreno mortal están en la misma situación que si se encontraran en una barca que se hunde o en una casa ardiendo.

Conclusiones y consejos

Así pues, no combatas en un terreno de dispersión, no te detengas en un terreno ligero, no ataques en un terreno clave (ocupado por el enemigo), no dejes que tus tropas sean divididas en un terreno de comunicación. En terrenos de intersección, establece comunicaciones; en terrenos difíciles, entra aprovisionado; en terrenos desfavorables, continúa marchando; en terrenos cercados, haz planes; en terrenos mortales, lucha.

En un terreno de dispersión, los soldados pueden huir.

Un terreno ligero es cuando los soldados han penetrado en territorio enemigo, pero todavía no tienen las espaldas cubiertas; por eso, sus mentes no están realmente concentradas y no están listos para la batalla.

No es ventajoso atacar al enemigo en un terreno clave; lo que es ventajoso es llegar primero a él.

No debe permitirse que quede aislado el terreno de comunicación, para poder servirse de las rutas de suministros.

En terrenos de intersección, estarás a salvo si estableces alianzas; si las pierdes, te encontrarás en peligro.

En terrenos difíciles, entrar aprovisionado significa reunir todo lo necesario para estar allí mucho tiempo.

En terrenos desfavorables, ya que no puedes atrincherarte en ellos, debes apresurarte a salir.

En terrenos cercados, introduce tácticas sorpresivas.

Si las tropas caen en un terreno mortal, todo el mundo luchará de manera espontánea. Por esto se dice: "Sitúa a las tropas en un terreno mortal y sobrevivirán".

Expertos

Los que eran antes considerados como expertos en el arte de la guerra eran capaces de hacer que el enemigo perdiera contacto entre su vanguardia y su retaguardia, sabían cómo desmoronar la confianza entre las grandes y las pequeñas unidades, destruían el interés recíproco por el bienestar de los diferentes rangos y hacían que los gobernados le quitarán el apoyo a sus gobernantes.

Los que eran antes considerados como expertos en el arte de la guerra eran capaces de elegir a los mejores soldados y sabían otorgarle coherencia a sus ejércitos.

Estos expertos entraban en acción cuando les era ventajoso y se retenían en caso contrario.

Introducían cambios para confundir al enemigo, atacándolos aquí y allá, aterrorizándolos y sembrando en ellos la confusión, de tal manera que no les daban tiempo para hacer planes.

Cómo enfrentar fuerzas enemigas numerosas

Se podría preguntar cómo enfrentarse a fuerzas enemigas numerosas y bien organizadas que se dirigen hacia ti.

La respuesta es quitarles en primer lugar algo que aprecien, después te escucharán, te respetarán y querrán negociar.

La rapidez de acción es el factor esencial de la condición de la fuerza militar, aprovechándose de los errores de los adversarios, desplazándose por caminos que no esperan y atacando cuando no estén en guardia.

Esto significa que para aprovecharse de la falta de preparación, de visión y de cautela de los adversarios, es necesario actuar con rapidez y sin dudas, porque ante la menor vacilación no podrás sacar provecho de esos errores.

En una invasión, por regla general, cuanto más se adentran los invasores en el territorio ajeno, más fuertes se hacen, hasta el punto de que el gobierno nativo no puede ya expulsarlos.

Escoge campos fértiles y las tropas tendrán suficiente para comer.

Cuida de su salud y evita el cansancio, consolida su energía, aumenta su fuerza.

Que los movimientos de tus tropas y la preparación de tus planes sean indescifrables para el enemigo y sencillos para tus soldados.

Robustece la energía más entusiasta de tus tropas, ahorra las fuerzas sobrantes, mantén en secreto tus formaciones y tus planes, permaneciendo insondable para los enemigos y espera a que se produzca un punto vulnerable para avanzar.

Sin salida

Ubica a tus tropas en un punto que no tenga salida, de manera que tengan que morir antes de poder escapar. Porque, ante la posibilidad de la muerte, ¿qué no estarán dispuestas a hacer? Los guerreros darán entonces lo mejor de sus fuerzas.

Cuando los soldados se hallan ante un grave peligro pierden el miedo.

Cuando los soldados no tienen ningún lugar a donde huir permanecen firmes luchando.

Cuando los soldados están totalmente comprometidos en un terreno se afianzan en él. Si no tienen otra opción, combatirán hasta el final.

Por esta razón, los soldados estarán firmes en la lucha sin más estimulación que sus ganas y su convencimiento, y se alistarán para ir a la guerra sin tener que ser convocados al ejército; serán amistosos sin necesidad de promesas y serán confiables sin necesidad de órdenes.

Esto significa que cuando los combatientes se encuentran en peligro de muerte, sea cual sea su rango, todos tienen el mismo objetivo y, por lo tanto, están alerta sin necesidad de ser estimulados, tienen buena voluntad de manera espontánea y sin necesidad de recibir órdenes, y puede confiarse de manera natural en ellos sin promesas ni necesidad de jerarquía.

Pronósticos

Prohíbe los pronósticos para evitar las dudas y los soldados nunca te abandonarán.
 Si tus soldados no tienen riquezas no es porque las desdeñen.
 Si tus soldados no tienen más longevidad no es porque no quieran vivir más tiempo.
 Sin promesas falsas, el día en que se da la orden de desplazamiento, los soldados se ponen en marcha con una carga menos y sus posibilidades de victoria se agrandan.

Serpiente veloz

Una operación militar preparada con pericia debe ser como una serpiente veloz que contraataca con su cola cuando alguien le ataca por la cabeza, contraataca con la cabeza cuando alguien le ataca por la cola y contraataca con cabeza y cola cuando alguien le ataca por el medio.
 Esta imagen representa el método de una línea de batalla que responde velozmente cuando es atacada. Un manual de ocho formaciones clásicas de batalla dice: "Haz del frente la retaguardia, haz de la retaguardia el frente, con cuatro cabezas y ocho colas. Haz que la cabeza esté en todas partes, y cuando el enemigo arremete por el centro, cabeza y cola acudirán al rescate".
 Puede preguntarse la cuestión de si es posible hacer que una fuerza militar sea como una serpiente rápida. La respuesta es afirmativa. Incluso las personas que se tienen antipatía, encontrándose en el mismo barco, se ayudarán entre sí en caso de peligro de zozobrar.
 Es la fuerza de la situación la que hace que esto suceda.
 Por esto, no basta con depositar la confianza en caballos atados y ruedas fijas.
 Se atan los caballos para formar una línea de combate estable y se fijan las ruedas para hacer que los carros no se puedan mover. Pero aun así, esto no es suficientemente seguro ni se puede confiar en ello.
 Es necesario permitir que haya variantes a los cambios que se hacen, poniendo a los soldados en situaciones mortales, de manera que combatan de forma espontánea y se ayuden unos a otros codo con codo: este es el camino de la seguridad y de la obtención de una victoria cierta.

Expresar el valor

La mejor organización es hacer que se exprese el valor y mantenerlo constante.

Tener éxito tanto con tropas débiles como con tropas aguerridas se basa en la configuración de las circunstancias.

Si obtienes la ventaja del terreno puedes vencer a los adversarios, incluso con tropas ligeras y débiles, ¿cuánto más te sería posible si tienes tropas poderosas y aguerridas? Lo que hace posible la victoria a ambas clases de tropas es las circunstancias del terreno.

Por lo tanto, los expertos en operaciones militares logran la cooperación de la tropa, de tal manera que dirigir un grupo es como dirigir a un solo individuo que no tiene más que una sola opción.

Ganar

Puedes ganar cuando nadie puede entender en ningún momento cuáles son tus intenciones.

Dice un Gran Hombre: "El principal engaño que se valora en las operaciones militares no se dirige solo a los enemigos, sino que empieza por las propias tropas, para hacer que lo sigan a uno sin saber adónde van".

Cuando un general fija una meta a sus tropas, es como el que sube a un lugar elevado y después retira la escalera. Cuando un general se adentra muy en el interior del territorio enemigo está poniendo a prueba todo su potencial.

Ha hecho quemar las naves a sus tropas y destruir sus casas, así las conduce como un rebaño y todos ignoran hacia dónde se encaminan. Incumbe a los generales reunir a los ejércitos y ponerlos en situaciones peligrosas.

Discreto, sereno, honrado y preciso

Corresponde al general ser discreto, sereno, honrado y preciso.

Debe estar sereno y ser discreto para que nadie pueda descubrir sus planes absolutamente secretos.

Debe ser honrado y preciso para que su mando sea justo y su accionar metódico, de esta manera nadie se atreverá a tomarlo a la ligera.

Puede mantener a sus soldados sin información pero siempre confiados. Puede conducir a una tropa en completa ignorancia de sus planes si sabe alimentar la fe en la causa y la fidelidad de los combatientes.

Un general será exitoso si puede cambiar sus acciones y revisar sus planes, de manera que nadie pueda reconocerlos; cambiar de lugar su emplazamiento y desplazarse por caminos sinuosos, de manera que nadie pueda anticiparse.

Resistir, luchar y obedecer para ganar

Nuevamente han de examinar las adaptaciones a los diferentes terrenos, las ventajas de concentrarse o dispersarse, y las pautas de los sentimientos y situaciones humanas.

Cuando se habla de ventajas y de desventajas de la concentración y de la dispersión, quiere decir que las pautas de los comportamientos humanos cambian según los diferentes tipos de terreno.

En general, la pauta general de los invasores es unirse cuando están en el corazón del territorio enemigo, pero tienden a dispersarse cuando están en las franjas fronterizas.

Cuando dejas tu territorio y atraviesas la frontera en una operación militar te hallas en un terreno incomunicado, pero cuando es accesible desde todos los puntos es un terreno de correspondencia.

Cuando te adentras en profundidad estás en un terreno complicado, pero cuando penetras poco estás en un terreno leve.

Cuando a tus espaldas se hallen espesuras infranqueables y delante pasajes estrechos estás en un terreno acorralado, pero cuando no haya ningún sitio a donde ir se trata de un terreno letal.

Así pues, en un territorio de fuga lo más correcto es unificar las mentes de los soldados.

En un terreno leve, las mantendría en contacto.

En un terreno clave, les haría apresurarse para tomarlo.

En un terreno de intersección, prestaría atención a la defensa.

En un terreno de correspondencia, establecería sólidas alianzas.

En un terreno difícil, aseguraría suministros continuados.

En un terreno desfavorable, urgiría a mis tropas a salir rápidamente de él.

En un terreno acorralado, cerraría las entradas.

En un terreno letal, indicaría a mis tropas que no existe ninguna posibilidad de sobrevivir.

Por esto, la psicología de los soldados consiste en resistir cuando se ven rodeados, luchar cuando no se puede evitar y obedecer en casos extremos.

Hasta que los soldados no se ven rodeados no tienen la determinación de resistir al enemigo hasta alcanzar la victoria.

Cuando están desesperados presentan una defensa unificada.

Por ello, los que ignoran los planes enemigos no pueden preparar alianzas.

Los que ignoran las circunstancias del terreno no pueden hacer maniobrar a sus fuerzas.

Los que no utilizan guías locales no pueden aprovecharse del terreno.

Los militares de un gobierno eficaz deben conocer todos estos factores.

Cuando el ejército de un gobierno eficaz ataca un gran territorio, el pueblo no se puede unir.

Cuando su poder sobrepasa a los adversarios, es imposible hacer alianzas.

Aprovechar los planes de los adversarios

Si puedes averiguar los planes de tus adversarios, aprovéchate del terreno y haz maniobrar al enemigo de manera que se encuentre indefenso; en este caso, ni siquiera un gran territorio puede reunir suficientes tropas para detenerte.

Por lo tanto, si no luchas por obtener alianzas, ni aumentas el poder de ningún país, pero extiendes tu influencia personal amenazando a los adversarios, todo ello hace que el país y las ciudades enemigas sean vulnerables.

Otorga recompensas que no estén reguladas y da órdenes desacostumbradas.

Considera la ventaja de otorgar recompensas que no tengan precedentes, observa cómo el enemigo hace promesas sin tener en cuenta los códigos establecidos.

Maneja las tropas como si fueran una sola persona.

Empléalas en tareas reales pero no les hables.

Motívalas con recompensas pero no les comentes los perjuicios posibles.

Emplea a tus soldados solo en combatir, sin comunicarles tu estrategia.

Déjalos conocer los beneficios que les esperan, pero no les hables de los daños potenciales.

Si la verdad se filtra, tu estrategia puede hundirse.

Si los soldados empiezan a preocuparse, se volverán vacilantes y temerosos.

Colócalos en una situación de posible exterminio y entonces lucharán para vivir.

Ponlos en peligro de muerte y entonces sobrevivirán.

Cuando las tropas afrontan peligros son capaces de luchar para obtener la victoria.

Así pues, la tarea de una operación militar es fingir acomodarse a las intenciones del enemigo.

Si te concentras totalmente en el enemigo, puedes matar a su general aunque estés a kilómetros de distancia. A esto se llama cumplir el objetivo con pericia.

Al principio te acomodas a sus intenciones, después matas a sus generales: esta es la pericia en el cumplimiento del objetivo.

Así, el día en que se declara la guerra se cierran las fronteras, se rompen los salvoconductos y se impide el paso de emisarios.

Los asuntos se deciden rigurosamente desde que se comienza a planificar y establecer la estrategia desde la casa o cuartel general.

El rigor en los cuarteles generales en la fase de planificación se refiere al mantenimiento del secreto.

Cuando el enemigo ofrece oportunidades, aprovéchalas inmediatamente.

Entérate primero de lo que pretende y después anticípate a él. Mantén la disciplina y adáptate al enemigo para determinar el resultado de la guerra. Así, al principio eres como una doncella y el enemigo abre sus puertas; entonces, tú eres como una liebre suelta y el enemigo no podrá expulsarte.

Algunas preguntas

Luego de estudiar las características del mercado y medir las posibilidades del producto podemos ir en busca de los consumidores.

Debemos hacernos varias preguntas antes de lanzarnos a la conquista:

¿Es un mercado virgen o ya fue conquistado?

¿Competiré con otra empresa en el intento de conquista?

¿Qué productos fueron aceptados por ese mercado?

¿Mis productos son mejores?

¿Qué características diferencian nuestro producto del de la competencia?

¿Satisface nuestro producto las mismas necesidades que el de la competencia?

¿Será capaz nuestro producto de generar expectativas diferentes?

¿Quién será nuestro cliente?

¿Qué características y necesidades tiene el consumidor de nuestros productos?

¿Será de consumo intermedio, de consumo masivo o exclusivo?

Expertos

Los mejores gerentes son los que tienen capacidad para elegir a los mejores colaboradores.

Las empresas que tienen los mejores colaboradores le otorgan coherencia a su producción.

Una empresa coherente entra en el mercado con la mitad del éxito ganado.

La gerencia inteligente compite cuando es ventajoso para la empresa y se retira del mercado en caso contrario.

Cómo competir con empresas más poderosas

Si una empresa pequeña logra asociar a sus proyectos al mejor hombre de una empresa grande, logrará ganar una porción del mercado de la empresa grande.

La instantaneidad de las respuestas y la velocidad de la reacción serán los factores esenciales del crecimiento de nuestra empresa en el mercado.

La empresa debe estar entrenada para aprovechar los errores de la competencia y aceptar los propios si quiere dar pasos firmes en el mercado.

La empresa debe actuar sin vacilar pero no sin meditar.

La estrategia aplicada debe ser sencilla para la empresa, indescifrable para la competencia y atractiva para los clientes.

Promesas

Un empleado puede aceptar sueldos bajos o malas condiciones de trabajo, pero nunca aceptará una promesa incumplida.

Una promesa incumplida a un cliente interno será a la larga una promesa incumplida a un cliente externo.

Un consumidor puede aceptar un producto que no es de su gusto, pero nunca aceptará que lo engañen con falsas ofertas.

Sensatez, calma, nobleza y precisión

Un gerente eficaz debe tener estas cuatro características: sensatez, calma, nobleza y precisión.

Debe ser sensato para tomar decisiones y tener calma para llevarlas adelante.

Debe ser noble frente al cliente interno y preciso frente al cliente externo.

Debe dar a sus empleados la información justa, que no es toda la información, ni ninguna información, ni una falsa información. Es el dato que necesita el colaborador para que tenga sentido su trabajo, mantenga la confianza en la empresa y sume valor al producto.

Un personal en completa ignorancia de los planes puede ser tan negativo para la empresa como un personal que sabe demasiado.

No existe fe ni fidelidad posible a la empresa si no se contemplan las necesidades y los proyectos personales de cada uno de los empleados.

Capítulo XII

El arte de atacar por el fuego

Existen cinco clases de ataques mediante el fuego:

- Quemar a las personas
- Quemar los suministros
- Quemar el equipo
- Quemar los almacenes
- Quemar las armas

El uso del fuego tiene que tener una base y exige ciertos medios.

Existen momentos adecuados para encender fuegos, concretamente cuando el tiempo es seco y ventoso.

Normalmente, en ataques mediante el fuego es imprescindible seguir los cambios producidos por este.

Cuando el fuego está dentro del campamento enemigo, prepárate rápidamente desde fuera.

Si los soldados se mantienen en calma cuando el fuego se ha declarado, espera y no ataques.

Cuando el fuego alcance su punto álgido, síguelo, si puedes; si no, espera.

En general, el fuego se utiliza para sembrar la confusión en el enemigo y así poder atacarlo.

Cuando el fuego puede ser prendido en campo abierto, no esperes a hacerlo en su interior; hazlo cuando sea oportuno.

Cuando el fuego sea atizado por el viento, no ataques en dirección contraria a este.

No es eficaz luchar contra el ímpetu del fuego porque el enemigo luchará en este caso hasta la muerte.

Si ha soplado el viento durante el día, a la noche amainará.

Un viento diurno cesará al anochecer; un viento nocturno cesará al amanecer.

Los ejércitos han de saber que existen variantes de las cinco clases de ataques mediante el fuego y adaptarse a estas de manera racional.

No basta saber cómo atacar a los demás con el fuego, es necesario saber cómo impedir que los demás te ataquen a ti.

Así pues, la utilización del fuego para apoyar un ataque significa claridad, y la utilización del agua para apoyar un ataque significa fuerza.

El agua puede incomunicar, pero no puede arrasar.

El agua puede utilizarse para dividir a un ejército enemigo, de manera que su fuerza se desuna y la tuya se fortalezca.

Ganar combatiendo

Ganar combatiendo o llevar a cabo un asedio victorioso sin recompensar a los que han hecho méritos trae mala fortuna y se hace merecedor de ser llamado avaro.

Por eso se dice que un gobierno esclarecido lo tiene en cuenta y que un buen mando militar recompensa el mérito.

No moviliza a sus tropas cuando no hay ventajas que obtener, ni actúa cuando no hay nada que ganar, ni luchan cuando no existe peligro.

Las armas son instrumentos de mal augurio y la guerra es un asunto peligroso. Es indispensable impedir una derrota desastrosa y por lo tanto, no vale la pena movilizar un ejército por razones insignificantes: las armas solo deben utilizarse cuando no existe otro remedio.

Un gobierno no debe movilizar un ejército por ira y los jefes militares no deben provocar la guerra por cólera.

La muerte no puede convertirse en vida

Solo se debe actuar cuando sea beneficioso; en caso contrario, se debe desistir de la batalla.

La ira puede convertirse en alegría y la cólera puede convertirse en placer, pero a un pueblo destruido no puede hacérsele renacer y la muerte no puede convertirse en vida.

En consecuencia, un gobierno esclarecido presta atención a todo esto y un buen mando militar lo tiene en cuenta. Esta es la manera de mantener a la nación a salvo y de conservar intacto a su ejército.

Trabajo eficaz

Una estructura de trabajo eficaz y eficiente está en condiciones de elaborar un buen plan de marketing y realizar un seguimiento adecuado de los productos.

Tener éxito compitiendo

Tener éxito compitiendo es la manera más segura de alcanzar un éxito duradero.

No recompensar a los empleados que protagonizaron un negocio exitoso es la mejor manera de convertirlo en un éxito efímero.

No darse cuenta de la precariedad de un éxito es la puerta hacia un fracaso.

No gratificar a los que han hecho méritos desmoviliza al cliente interno y desactiva al cliente externo.

Para impedir un fracaso comercial debemos dar el primer paso en el momento justo y debemos saber retirarnos a tiempo. ¿Cuándo es a tiempo? Una empresa siempre está a tiempo cuando se conoce a sí misma.

Una empresa no debe crear productos en contra de otros productos.

La mejor manera de competir es crear a favor de nuestra empresa y no pensar el mercado oponiéndose a un supuesto adversario comercial.

Un producto imperfecto se puede mejorar, a un empleado descontento se lo puede gratificar, pero cuando una empresa pierde la confianza de sus clientes nada la puede salvar.

Capítulo XIII

La concordia y la discordia

Un ejercicio militar constituye un gran sacrificio para el pueblo, pero si la guerra se extiende por muchos años, el beneficio obtenido es inversamente proporcional a ese esfuerzo, reduciéndose a una victoria efímera y un solo día de gloria.

Así pues, equivocarse al medir la situación de los adversarios, solo por economizar gastos para investigar y estudiar su posición, es extremadamente inhumano y estúpido, y no es una actitud propia de un buen jefe militar, de un eficiente consejero de gobierno, ni de un gobernante victorioso.

Por lo tanto, lo que posibilita a un gobierno inteligente y a un mando militar sabio vencer a los demás y lograr triunfos extraordinarios, es el manejo de buena información.

La información previa no puede obtenerse de fantasmas ni espíritus, ni se puede tener por analogía, ni descubrir mediante cálculos. Debe obtenerse de personas; personas que conozcan la situación del adversario.

Cinco clases de espías

Existen cinco clases de espías:

- El nativo: se contrata entre la población de una comarca
- El interno: se contrata entre los funcionarios enemigos
- El doble agente: se contrata entre los espías enemigos
- El liquidable: transmite falsos datos a los espías enemigos
- El flotante: regresa para traer sus informes

Sobornar al enemigo

Entre los funcionarios del régimen enemigo se hallan aquellos con los que se puede establecer contacto y a los que se puede sobornar para averiguar la situación de su país y descubrir cualquier plan que se trame contra ti, también pueden ser utilizados para crear desavenencias y desarmonía.

Tratar bien a los espías

En consecuencia, nadie en las fuerzas armadas es tratado con tanta familiaridad como los espías, ni a nadie se le otorgan recompensas tan grandes como a ellos, ni hay asunto más secreto que el espionaje.

Si no se trata bien a los espías, pueden convertirse en renegados y trabajar para el enemigo.

No se puede utilizar a los espías sin sagacidad y conocimiento; no puede uno servirse de espías sin humanidad y justicia, no se puede obtener la verdad de los espías sin sutileza. Ciertamente, es un asunto muy delicado. Los espías son útiles en todas partes.

Cada asunto requiere un conocimiento previo

Si algún asunto de espionaje es divulgado antes de que el espía haya informado, este y el que lo haya divulgado deben eliminarse.

Siempre que quieras atacar a un ejército, asediar una ciudad o atacar a una persona, has de conocer previamente la identidad de los generales que la defienden, de sus aliados, sus visitantes, sus centinelas y de sus criados; así pues, haz que tus espías averigüen todo sobre ellos.

Siempre que vayas a atacar y a combatir debes conocer primero los talentos de los servidores del enemigo y así puedes enfrentarte a ellos según sus capacidades.

Debes buscar a agentes enemigos que hayan venido a espiarte, sobornarlos e inducirlos a pasarse a tu lado, para poder utilizarlos como agentes dobles.

Con la información obtenida de esta manera, puedes encontrar espías nativos y espías internos para contratarlos.

Con la información obtenida de estos, puedes fabricar información falsa sirviéndote de espías liquidables.

Con la información así obtenida, puedes hacer que los espías flotantes actúen según los planes previstos.

Es esencial para un gobernante conocer las cinco clases de espionaje y este conocimiento depende de los agentes dobles; así pues, estos deben ser bien tratados.

Así, solo un gobernante brillante o un general sabio que pueda utilizar a los más inteligentes para el espionaje puede estar seguro de la victoria.

El espionaje es esencial para las operaciones militares y los ejércitos dependen de él para llevar a cabo sus acciones.

No será ventajoso para el ejército actuar sin conocer la situación del enemigo, y conocer la situación del enemigo no es posible sin el espionaje.

Información sin espías

Es de fundamental importancia contar con buena información y saber decodificarla.

Una buena información mal leída condena al negocio al fracaso.

El mercado no considera ético el espionaje.

Las empresas deben ver y no espiar.

Cada empresa debe tener un sistema de información claro, útil, eficaz y eficiente, que brinde datos sobre las actividades de la empresa y sus productos, y sobre las actividades y los productos de la competencia.

Esto permitirá adoptar medidas preventivas y correctivas que eviten la salida prematura del producto del mercado que se conquistó.

Índice

Sun Tzu: guerrero y poeta 3

Capítulo I
Valoración y cálculo 7

Capítulo II
Origen y generación 13

Capítulo III
Éxito y fracaso 19

Capítulo IV
Invencibles y vulnerables 25

Capítulo V
Autoridad y fortaleza 31

Capítulo VI
Lleno y vacío 37

Capítulo VII
Desafío y combate 45

Capítulo VIII
Cambio y adaptabilidad 55

Capítulo IX
Movilidad y distribución 61

Capítulo X
Ámbitos y terrenos 69

Capítulo XI
Las nueve clases de terreno 75

Capítulo XII
El arte de atacar por el fuego 87

Capítulo XIII
La concordia y la discordia 91